U0614644

7

印象吉隆坡

一带一路百城记·海洋新知科普丛书

「五」国家重点出版物出版规划项目

陶 红 亮 主编

冰河插画 李伟 绘画

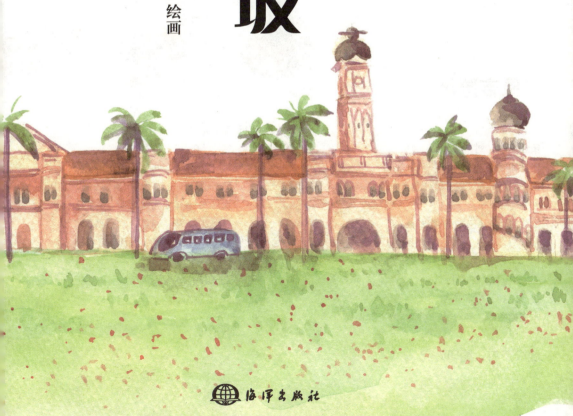

海洋出版社

图书在版编目（CIP）数据

印象吉隆坡/陶红亮主编；李伟绘画.—北京：海洋出版社，2018.5（2025 年 1 月重印）
（一带一路百城记.海洋新知科普丛书）
ISBN 978-7- 5210-0082-5

Ⅰ.①印… Ⅱ.①陶… ②李… Ⅲ.①吉隆坡–概况 Ⅳ.① K933.8

中国版本图书馆 CIP 数据核字（2018）第 069847 号

印象吉隆坡

总 策 划	刘 斌		发 行 部	（010）62100090
策划编辑	刘 斌		总 编 室	（010）62100034
责任印制	安 淼		网　　址	www.oceanpress.com.cn
排　　版	童 虎·设计室		承　　印	侨友印刷（河北）有限公司
			版　　次	2018 年 5 月第 1 版
出版发行	海洋出版社			2025 年 1 月第 2 次印刷
			开　　本	787mm×1092mm　1/16
地　　址	北京市海淀区大慧寺路 8 号		印　　张	12
	100081		字　　数	288 千字
经　　销	新华书店		定　　价	72.00 元

本书如有印、装质量问题可与发行部调换

版权所有　翻印必究

2000 多年前，一群商人赶着骆驼从西安出发，一路向西，最远抵达地中海；同时，在广东的徐闻港，商人们先祭拜海神，随后扬帆出海。后来，人们将这些连接东西方的通道统称为"丝绸之路"。通过丝绸之路，中国的文明之风吹向世界各地。2000 多年后，习近平总书记提出"一带一路"倡议，即共建丝绸之路经济带和 21 世纪海上丝绸之路，旨在"借用古代丝绸之路的历史符号，高举和平发展的旗帜，积极发展与沿线国家的经济合作伙伴关系，共同打造政治互信、经济融合、文化包容的利益共同体、命运共同体和责任共同体"。

千百年来，中国秉持"和平合作，开放包容，互学互鉴，互利共赢"的理念，和丝绸之路沿线国家进行平等的经济、文化交流。比如：明朝航海家郑和率领当时世界最大的远洋船队先后七下西洋，航迹遍布亚非，除了带去精美的手工制品外，还将先进的中华文化远播海外。

古代丝绸之路不仅推动了沿线各国的经济发展，还将中华文化带到了异国他乡。欧洲各国的贵族曾将中国瓷器视为外交礼品，阿拉伯国家的工匠结合中国瓷器工艺制造出了波斯瓷器。日本掀起过一股"弘仁茶风"，贵族将模仿中国人品茶视为一种风尚。无数西方人前往中国，泉州就曾因"南海蕃舶"常到，出现了"市井十洲人"的盛况。

如今，丝绸之路上不再有载满货物的骆驼。取而代之的，是丝绸之路经济带纵横交错的铁路网，

以及21世纪海上丝绸之路上络绎不绝的集装箱货轮。古代丝绸之路的先行者早已作古，秉承先人精神的建设者们正在发挥自己的光和热。

"一带一路"倡议自提出后，就受到沿线国家的高度赞扬和支持。在经济全球化的今天，"一带一路"不仅赋予了古代丝绸之路新的内涵，还为沿线各国提供了新的机遇。

为了使人们更加深刻地理解丝路精神，我们组织相关学者共同编写了这套《一带一路百城记》。以优美的文字和水彩绘画结合的形式，艺术化地展现"一带一路"节点城市及所在国家和地区与丝绸之路相关的方方面面，包括丝路遗迹、风景名胜、文化历史、风俗习惯、物产资源等，形成对"一带一路"的完整展示，最终实现一部"唯美的一带一路静态影片"。

希望读者在阅读完这套书后，能够更深刻理解"一带一路"的意涵，对"一带一路"沿线城市有更多的感性认识，不再将其看作一个遥远的符号。

不会英语也能玩转吉隆坡

即使不会英文或马来语，在吉隆坡游玩也不会遇到太大的问题。

来到吉隆坡后，人们时不时能听到熟悉的音调："直走下楼梯就能买票""往前走十分钟就是双子塔"。这些声音来自马来西亚华人。在迷路或遇到困难时，这些带有些许福建口音的马来西亚华人总会毫不犹豫地帮助中国游客。

这便是吉隆坡的第一个魅力：亲切感。这种亲切感，不仅来自和善的马来西亚华人，还来自藏在茨厂街里的中国菜，带有浓浓岭南风情的陈氏书院，香火缭绕的吉隆坡关帝庙，以及仙四师爷庙中巨大的红灯笼。无处不在的乡音、精致的中式建筑和对妈祖像虔诚跪拜的老人，都让人以为这里是中国。

不过这里并不是中国，只要在市区里转上一圈，便能发现这一点。犹如城堡一样的苏丹亚都沙末大厦，直指苍穹的双子塔，被棕榈树环绕的独立广场，以及鸟语花香的吉隆坡中央公园，都是独属于这座城市的美景。

在吉隆坡街头散步是一件十分惬意的事情，道路两旁种满了树，或是笔直的棕榈树，或是浓荫如盖的榕树。人们完全不用担心天空中的烈日，因为置身这片"热带丛林"中，高温几乎找不到下手的机会。

自在地散一会儿步后，人们便会发现吉隆坡的第二个魅力：多元。吉隆坡市中心的国家清真寺装饰华丽、气势恢宏，祈祷大厅圆润柔和，与宣礼塔

交相辉映，形成了一种独特的美感；茨厂街附近的锡克庙颇为秀丽，金色的圆顶在阳光的照射下熠熠生辉；锡克庙不远处有一座阶梯式塔，那是马里安曼印度庙，塔上满是色彩绚丽的人物雕像，惟妙惟肖，很是壮观。再往前走走，就能看到红墙绿瓦的关帝庙，马来西亚华人正对着关公像虔诚地朝拜。

　　游览过独立广场附近英国都铎王朝样式的建筑，人们还沉浸在马来西亚人摆脱英国殖民统治的历史中，当世界最高的双塔楼——双子塔出现在自己面前时，人们或许一时反应不过来，而发出"世事变迁"的感叹。

　　吉隆坡到底是什么模样的呢？总之，它比想象的更有趣，更值得人们探索、品味。

第三章 繁华和闲适，邂逅吉隆坡

第四章 美而不同，独属于吉隆坡的记忆

第五章　包容开放，宗教建筑大观园

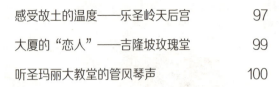

第六章　不一样的景致、文化和习俗

第七章　马来西亚特产、与异国风物结缘

第八章 南洋风情，不一样的滋味

第一章

马来西亚与海上丝绸之路

对马来西亚来说，海上丝绸之路并不陌生。几千年前，中国商人就曾沿着这条航线抵达马来西亚的港口，与当地人交易。

在郑和七下西洋中，郑和船队有六次都停靠在马六甲。马六甲中的"三保庙""三保山"和"三保井"，就是当地人对这位伟大航海家最好的纪念。

如今，这条贸易路线焕发出新的生机，而共建"21世纪海上丝绸之路"，也成为了马来西亚发展的新契机。

马来西亚与郑和下西洋

明永乐年间，一支皇家舰队从江苏省太仓市刘家港出海。彼时，港口上人山人海，人们兴高采烈地挤在港口上，不愿错过欣赏这支拥有 200 多艘船只的舰队出海的情景。这就是郑和第一次下西洋时起锚的情景。

这是一支气势磅礴的舰队。船只虽多，但都有明确的分工：宝船、战船、马船、水船。其中宝船的规模最庞大，这是当时世界上最大的海船，有书房、餐室、聚堂、宫室……船身长约 160 米，高约 20 米，如同一座小型的府邸。

如今，我们完全可以想象，当云帆高挂、气势夺人的郑和船队出现在马来西亚海域时，带给当地人怎样的视觉冲击和灵魂震撼。这种震撼不仅仅来自翻江倒海的船只，还来自对未知文明的向往。

回顾过往的历史，航海似乎总离不开"掠夺"二字。然而郑和的船队虽然具有绝对实力，却从没有对平民百姓挥舞过自己的长刀。船队虽然也动过武，但开炮的目标是横行肆虐的海盗，而且是在招抚失败的情况下。

　　在郑和七下西洋的过程中，船队有六次在马六甲停靠，但郑和没有占领这里的一寸土地，没有奴役过一个平民百姓。他带给当地人的，是瓷器、丝绸等商品，是繁荣昌盛和璀璨的中华文化。

　　在马六甲补给的时候，他还帮助当地人建筑城墙，并教授他们农业、医学等知识。马六甲市内有一口"三保井"，井水甘甜可口，人们相信它可以治疗疾病。相传，这口井就是郑和亲手挖的。

　　三保井不远处有一座"三保庙"，它掩映在绿树中，典雅幽静。走进三保庙，看见飞檐翘角、粉墙黛瓦时，你或许以为回到了国内。相传，这里的一砖一瓦都来自中国。庙中有一副对联十分醒目，上面的文字大概就是当地人对郑和及其船队的看法："五百年前留胜迹，四方界内显英灵"。

推动海上丝绸之路交流的郑和国际和平基金会

2014年，马海云博士、李志勇先生、马吉德先生和柴绍锦博士在美国创办并注册了一个公益基金会——郑和国际和平基金会。郑和国际和平基金会的创立宗旨是促进亚太国家之间的交流和合作，弘扬郑和在七下西洋中表现出来的和平友好、敢于探索等精神。

2015年8月11到12日，"2015郑和国际研讨会"在吉隆坡举行。这次研讨会由郑和国际和平基金会、马中友好协会和马来亚大学中国中心联合举办，获得了阿联酋文化部、亚太战略发展研究院、亚太文化交流基金会等机构的支持。

本次研讨会的成果丰厚。会上，与会的近百名政界、学术、文化和商界知名人士不仅肯定了文明对话、共同发展的重要性，还敲定了多项跨国文化交流合作项目。比如，中国华映世纪文化产业投资集团将与马来西亚政府合拍《郑和下西洋》等介绍海上丝绸之路的影片。

毫不夸张地说，郑和国际和平基金会不仅发扬了郑和七下西洋的精神，还推动了海上丝绸之路沿岸各国的文化、经济等交流。

"海上丝绸之路"中国——马来西亚论坛

2015 年 9 月 28 日，"海上丝绸之路"中国—马来西亚论坛在吉隆坡举行。这次论坛由中国东盟商务理事会和中国东盟商务协会联合主办，有数百名中国和东盟各国代表参加。

此次论坛是建立在和平友好的基础上的。中国驻马来西亚大使黄惠康在会上指出，在东盟地区，马来西亚是最早与中国建交的国家。近些年来，两国在政经文教各领域的合作成果颇丰，两国的关系正处于历史最好阶段。两国应该抓住机遇，协同合作，共同建设"21 世纪海上丝绸之路"。

马来西亚国际贸工部第二部长黄家泉也说，一直以来，中马两国交流密切。中国是马来西亚最大的贸易国，而马来西亚则是中国在东盟地区最大的贸易国。两国应该携手合作，共同发展。

此次论坛不仅肯定了"一带一路"的重要性，还举行了"一带一路"座谈会，并且成立了中国东盟商务协会（马来西亚）。

马来西亚发展新契机
——21世纪海上丝绸之路

2014年底，马来西亚总理对华特使兼马中商务理事会主席黄家定表示，马来西亚"无限欢迎"中国关于共建"21世纪海上丝绸之路"的提议。

为何马来西亚如此欢迎21世纪海上丝绸之路？大概因为21世纪海上丝绸之路是马来西亚发展的新契机。

古时，马来西亚就是海上丝绸之路的必经之地。那时，中国商人带着满船的货物，如瓷器、丝绸等，来到马来西亚港口，与当地人交易。随后，当地人将马来西亚的特产卖给中国商人，获取利润。那条古老的海上丝绸之路，让两国人民变得富庶。

如今，中国提出共建21世纪海上丝绸之路，不仅仅是为了复兴古老的贸易路线，还具有新时代意义。因为在21世纪，人们通过海上丝绸之路交流的不仅仅是丝绸、瓷器、香料，还有教育、人才、技术。而这些，都会帮助马来西亚进一步开拓亚太市场，发展经济。

第二章

寻找吉隆坡的海洋气息

在吉隆城市区，你是看不到海的。不过，你依旧能在这座城市感受到海洋的气息。

由钢筋水泥建成的双子塔底层，就是吉隆坡水族馆。在海底隧道中，看鲨鱼、魔鬼鱼在头顶自由地游来游去，你可能会忘记自己身处都市。

双威水上乐园的尖叫声刺耳，那是人们在享受冲浪的乐趣。谁能想到，这个既能戏水又能与动物嬉戏的乐园，就在市中心？

若想看真正的大海，也无须太费心，去吉胆岛吃海鲜、波德申沙滩赏落日再惬意不过。更重要的是，它们离吉隆坡市中心不远。坐公交车的话，也不过一两个小时。

感受冲浪的乐趣
——双威水上乐园

如何在城市中感受冲浪的乐趣？游客只需前往吉隆坡市中心的双威水上乐园即可。

这是属于城市人的忘忧天堂，靠近它，听到人们兴奋的尖叫声，游客就会产生一种身处海滩的错觉。

在这里尖叫是再正常不过的事情了。那些在大气球中的人们，犹如置身滚筒洗衣机中。大气球每滚动一下，他们就会发出尖叫声。也有一声不吭的人，不是他们的胆子足够大，而是他们早已被转得七荤八素，没有力气尖叫了。

池边的游客最是幸灾乐祸，看见大气球中人们眼冒金星的模样，他们并没有露出同情的表情，反而哈哈大笑起来，还不时用相机拍下里面的景象。

　　大约是他们的笑声太嚣张，乐园准备"惩罚"他们，所以正当他们看得起劲的时候，大水从天而降。这些带着"众人皆醉我独醒"心态的游客，立刻被淋成了落汤鸡。

　　这时，轮到他们变成别人的"笑柄"了。除了那些在大气球中笑不出来的游客，人们都毫不避讳地表示自己的"幸灾乐祸"。看见这样的情景，"落汤鸡"们也不生气。虽然水上乐园给他们的这份"见面礼"让他们的相机罢工了，不过他们感受的"喜"还是大于"惊"。

　　即使你孤身一人来水上乐园也没关系，因为在大水袭来的前一秒，认识的、不认识的，都会默契地拉近与身边人的距离，像是想组成人墙对抗这些大水。当然，大水并不会将人们冲散，随着浪花远去的，只有人们的笑声而已。

　　交通：搭乘 LRT 到 Kelana Jaya 站，之后搭乘 RapidKL 巴士 T623 到 Sunway Pyramid 站下车即可。

　　开放时间：平日 11：00—18：00；公众假期 10：00—18：00；周二不开放。

在波德申海滩
欣赏最美的落日

在波德申海滩欣赏日落最好不过。

白天的时候，这座沙滩显得很中规中矩。海浪拍打着沙滩，留下如裙摆般的脚印。远处的木麻黄树哗哗作响，像在为海浪声唱和声。这时的它虽然美丽，却没有什么特色。因为去任何一个沙滩，人们都可以欣赏到这样的景色。

只有在夕阳西下之时，它才会变得独特。照耀了人间一天的太阳显得有些疲惫，它叹了一口气，光芒便由金黄色变成了绛红色。此时，人间的一切都被披上了一件绛红色的外衣，而波德申沙滩也变得朦胧而梦幻起来。

不知是不是落日格外偏爱这片沙滩，所以站在波德申沙滩上，人们能够看见比往常更大、更红的太阳。此时的太阳像只不愿意洗澡的猫，它轻轻地将自己的"脚"放在大海中，再慢慢地往下潜。游客可以清楚地看见大海是如何拥抱落日的，落日染红了一大片海水，好像上天不小心将红色颜料滴入大海中。

终于，落日坠入大海，去龙王宫休息了。游客也不会立即离开，他们会住在海边小木屋中。因为在月亮高挂之时，与繁星一起聆听浪涛声也很不错。

双子塔下的吉隆坡水族馆

吉隆坡水族馆就在双子塔底层，可以在仰望过这座城市的第一高楼，感受这座城市的现代气息之后，再去这里游玩。那时便会产生一种奇妙的穿越感。虽然明知自己身处钢筋水泥之中，可还是会产生一种置身于海底世界的错觉。

这座水族馆占地 600 平方米，里面有超过 150 种近 5000 多只热带海洋生物，被称为"城市里的大鱼缸"。水族馆中有一条亚洲最长的观光隧道，隧道中的灯藏得很隐秘，人们或许会以为那照亮鱼儿的光是来自水面上方呢。虽然灯光是淡黄色的，但是被海水"改造"后，它也变成了一片朦胧的蓝。

五颜六色的鱼儿在人们面前跳舞，观光隧道犹如梦幻的龙王宫。有趣的是，海底世界还为人们披上了隐身衣，因为鲨鱼在游客头上游来游去，却好似没有看到这些"不速之客"。

对水族馆而言，表演是必不可少的。每逢星期一、三、六下午 3—4 点水族馆中有喂鲨鱼表演。表演时，便是孩子们最激动的时候。看见潜水员拿着食物去喂鲨鱼，孩子们都不由得抱紧了家长的脖子，紧紧地盯着鲨鱼，像在为潜水员放哨。孩子们也无须太过担心，因为鲨鱼和潜水员相当有默契。

淳朴自然的渔村小岛
——吉胆岛

这是个坐落在巴生港口的小岛，岛上绝大多数居民都是福建地区以及潮州移民的后裔，他们主要从事捕鱼业。因为岛上大多数居民都是华人，所以游客不仅能欣赏有中国元素的建筑，还能感受到传统宗教文化的气息。

其实，若是和其他出名海滩相比，它的景色并不算美。虽然碧蓝的海面让人心生向往，但是这里既没有金黄色的沙滩，也没有精致小巧的度假屋。

渔民们在码头中忙碌，谈论当天的收获，那悠长的度假气息不见了，取而代之的是生活气息。但是，那拴在码头的小船和在岸边摇曳的大树，就足以让这座小岛成为人们流连忘返之处。

来这里吃海鲜再好不过。岛上有捕鱼店，里面的海鲜都是刚刚捕捞上来的。这些海鲜的个头都很大，价格却很便宜，吃到饱也不会花费太多钱。有的人也会去码头寻找美食。渔民们刚刚从船上拿下来的海鲜新鲜极了，它们身上满是海洋的气息。

　　喜欢冒险的人，可以跟着渔船出海。虽然没有出海经历的人并不会有多少收获，甚至还会因晕船而对大海投降。但是这些人并不在意，因为收获还是其次，与大海接触才是最重要的。

　　也有对海鲜不感兴趣的人，他们便自在地在这座岛屿中散起步来。吉胆岛不大，即使慢悠悠地走，2个小时内也可以游览完毕。

　　若是性子比较急的话，也可以租一辆自行车。坐在自行车上，感受海风像与母亲分离了许久的孩子一样迎面扑来。围着这座岛屿骑行一圈，身上就会满是海风的咸腥味，好像不过短短半个小时，就成了这座岛屿的居民。

和当地人交朋友是一件十分容易的事情。跟着渔船一起出海时，渔民会耐心地教游客海钓的技巧，与游客一起分享刚刚捕捉的海鲜。

在捕鱼店中吃海鲜时，店主会热情地向游客介绍本地的美食。也许本来只想吃几只螃蟹，但在店主的不懈努力下，面前又会多了一份叉烧面。不过也不用觉得自己变成了"冤大头"，因为叉烧面的味道的确不错，而且相比市区，这里的小食可便宜多了。

在岛上闲逛时也有可能交到朋友。不知是不是因为生活在海边的缘故，这里的孩子一点也不羞涩。有时，他们会好奇地跟在游客后面。看见游客迷路时，他们虽然也会幸灾乐祸地笑，但是还是会为旅客指路的。

在这里发呆也很好。海风吹来，烦恼便渐渐消失。岛上很安静，只能听到海浪声和远处的马达声。可以一直坐着，等繁星出现。

第三章

繁华和闲适，邂逅吉隆坡

毫无疑问，这座城市是繁华的、现代的。它有直入云端的双子塔，有如天空之城一般的云顶高原。华灯初上之时，路灯将这座城市照得如同白昼一样。人们在此奋斗、狂欢。

然而，这座城市有时却变得极为悠闲。双子塔不远处，就是绿荫满目的中央公园；虽然都有"高原"二字，但武吉丁宜高原却没有喧闹的人群。相反，它是最适合发呆的地方。

吉隆坡到底是个什么样的城市？这个问题很难回答。你只有走进它，才能发现它最真实的一面。

19

吉隆坡最热闹的集市之一
——茨厂街

中式的牌楼、中式的商铺、火红的灯笼、令人难忘的美食……这里就是吉隆坡唐人街。

吉隆坡唐人街又名"茨厂街"，虽然不大，却是吉隆坡市内最热闹的集市之一。特别是春节以及其他节假日的时候，这里宛如一个游乐场。有人说，在不同的时刻来到茨厂街，便会有不同的体验。

清晨，当阳光洒在写有"茨厂街"的门牌上时，这个大名鼎鼎的集市显得格外寂静。街

道中的商铺没有开门，昨夜川流不息的顾客也消失不见踪影。间或有几只雀鸟来到此处，它们好奇地打量着商铺招牌上的汉字，看四下无人，便站在门牌上，放开嗓子唱起歌来。

它们的歌声很动人，因而那些在店铺中酣睡的小贩在被它们吵醒之后，不但不会生气，还会打开二楼的窗户，让清新的空气和鸟儿的歌声一起飘进自己的房间里。

不过在大多数时候，雀鸟的听众是游客。这些游客大多不喜欢向"前辈"请教经验，他们听说这个地方是吉隆坡必游景点之一，又害怕赶上"晚高峰"，于是一大早就来到了这里。

此时的唐人街的确没有拥挤嘈杂的场面，不过也太过安静了些。清晨来到这里的游人，像是怀着满腔的热情来到一座荒岛上的冒险者。他们来到这座荒岛，本是为了避开拥挤的人群，却发现这座荒岛不仅没有鸟兽，连草木都不见踪影。准备开荒垦地的冒险者，竟不由得怀念起嘈杂的人群来。

游客比冒险者幸运些，店铺虽没有开门，可还有欢乐歌唱的鸟儿。鸟声轻快，微风吹动人们的衣袖，阳光温柔地洒下来。若是不将此处当做旅游景点，来此晨起散步也很好。

在与写着"茨厂街"的门牌合照后，人们便将注意力放在那些唱累了的小鸟身上。游客拿出各种各样的点心，面包、玉米、饼干……脸上堆满了笑容，不停地呼唤鸟儿。

然而这些小鸟却见过"大世面"，它们丝毫不为所动，依旧在门牌上自得其乐地蹦来蹦去。要是它们会说话，或许会"哼"一声，然后说："你知道在晚上，这里会出现多少美食吗？我可看不上这些小玩意！"

　　中午，大太阳照得人们又困又累。虽然店铺已陆续开门营业，但是来这里的游客却不多。
实际上，如果你向当地人，尤其是附近学校的学生请教的话，他们一定会建议你在中午好好
逛逛唐人街。

当地人可没有让你来此当"冤大头"的打算，这个建议很实在。每到中午，这里就成了学生的聚集地。唐人街有很多精品店，那些"偷得浮生半日闲"的学生，总会在吃过午饭后，相约来这里逛街。

对游客来说，在这里购买物美价廉的手信最好不过。看，那副具有东南亚风情的耳环，便是这位金发碧眼的女孩的"战利品"。

作为吉隆坡当地小有名气的夜市，唐人街的夜晚最值得期待。当太阳还没有落下地平面时，唐人街就开始热闹起来了。小贩们将桌椅摆上马路，在旁边摆电风扇，露天餐厅就开张了。

来这里体验马来西亚的路边摊文化最合适不过，趿拉着鞋的老伯、妆容精致的女孩、金发碧眼的游客……都坐在这简陋的露天餐厅中。

热闹的时候，人们还会"拼桌"，或许一顿饭之后，当地人又多了一个异国的朋友。谈到高兴处，大家举杯共饮。看着眼前陌生的笑脸，吃一口猪肠粉或者酿豆腐，这夜也变朦胧了。

正宗的咖喱

在印度人街品尝

在 吉隆坡购买具有印度风情的纪念品？这个想法看上去有点可笑。事实上，去吉隆坡的印度人街就能实现这样的想法。

走在这条街道上，人们会产生一种恍惚感。街道上，吉隆坡人不见踪影。取而代之的是围着厚厚头巾、穿着长衫的印度男子，以及穿着纱丽、有一双美丽大眼睛的印度女子。难道我像哈利·波特一样，在使用飞路粉的时候念错了口令，将"对角巷"念成了"翻倒巷"？

当然不是，因为这一带是印度人聚居区，所以有印度人很正常。当游客如此告诉自己，想将自己拉回现实时，远处飘来的咖喱香味，又将游客留在梦境中。

既然来到此处，就在这微缩版的印度好好逛一逛吧。

这里
是个印度味
很足的地方。
街道上，卖印度
服饰的商店林立。
女孩们在小商铺中穿
梭，像是出嫁前为自己
挑选礼服的少女。犹豫了很
长时间，才为自己购买一件印
度服饰的游客们，又被印度饰品
迷住了。耳环要买，头饰也要买，
就连用不上的鼻饰，她们都要带回去
装饰自己的首饰盒。

走在印度人街，游客只闻得到两种味道：
香料味和咖喱味。这里的香料味很足，也很杂，
不懂香料的游客，一定分辨不出香料的原料，甚至
有游客一闻到这满街的香料味就离开了印度人街。

当香料味熏得游客头晕眼花时，咖喱味就出来"拯救"众
生了。熟悉的咖喱味使游客不安的心平静下来。当然，饥肠辘辘的游客也会循着这股香味，
找到印度饭馆，让自己的胃也平静下来。至于菜肴的味道嘛，自然是不必说的。毕竟，这可
是正宗的印度餐厅。

马来西亚的"天安门"
——独立广场

有人说，独立广场之于马来西亚，就像天安门广场之于中国。

其实，单看它的名字，人们就能知道它对马来西亚的重要性。1957 年 8 月 31 日，马来西亚的国旗在此飘扬，这也意味着马来西亚正式脱离英国统治。

还未走进独立广场，人们便会被广场周围巨大的棕榈树所吸引。在平常的日子，广场是没有守卫的，而这些笔直的棕榈树，就像毫无怨言的士兵，不仅护卫百姓，也为游人带去清凉。

走进独立广场，没有人不会注意到立于广场南端的旗杆。也许在游览独立广场前，当地人会对游客说："到达独立广场后，一定要在旗杆下照张相。"游客并不以为然，因为对广场而言，旗杆是再常见不过的事物了，有什么值得游览？

然而，独立广场的旗杆相当特殊。其实，相比"旗杆"，"纪念碑"这个称呼更适合它。因为它太高、太大，以至于有些人在第一眼看到它的时候，还以为它是一座塔。若不是它的顶点系着马来西亚的国旗，人们似乎难以发现它的真实身份。

有趣的是，旗杆不远处放置着马来西亚历代领导人的画像。画像中的领导人表情严肃，却给人一种亲切感。这大概是因为相比于飘扬的马来西亚国旗，领导人的画像所处海拔太低了。大多数人都可以平视画像中的领导人，更别说画像不远处就是椅子，人们可以坐在椅子上自在地聊天。那时，画像中的人就变成了邻居家的大叔。

要是你不喜欢旗杆和画像，也没关系。走得累了，坐在广场长椅上，看广场周围各式各样的建筑：英国都铎王朝样式的建筑、伊斯兰建筑、公会教堂……这个国家的历史就这样展现在你面前。

梦幻的城堡
——苏丹亚都沙末大厦

独立广场对面，那座犹如城堡一般的建筑，就是苏丹亚都沙末大厦。

最好不要在雨天游览这座建筑，因为天空中的蒙蒙细雨，加上这座气势恢宏的建筑，会让人产生自己身处英国的错觉。

马来西亚曾是英国的殖民地，所以建筑物颇具欧陆风情，似乎也是一件再正常不过的事情。不过，若是走进这座建筑，你会发现这座大厦与英国的建筑可以算得上是"双胞胎"。当时的殖民者，似乎想将家乡的建筑——照搬过来。大厦有一座钟楼，造型像极了英国大本钟，吉隆坡人便将其称为"马来西亚大本钟"。

如今，英国殖民者已经离开马来西亚，这座大厦也成了马来西亚的最高法院。每逢重大庆典，大厦会挂上五颜六色的彩灯，年轻人会在大厦前表演。在年轻人的歌声中，人们似乎看到了这座古老的建筑别样的风采。

去国家皇宫看威风凛凛的哨兵

即 使很少对外开放，这座坐落在吉隆坡一座小山丘上的宫殿，依旧游人如织。

这座曾经的马来西亚最高元首府邸，有个引人注目的名字：国家皇宫。虽然相较于故宫之类的皇宫，它小巧多了，但是人们依旧能在它身上感受到宫殿的辉煌和庄严。

这种感觉，在站在山顶俯视国家皇宫的时候尤为明显。国家皇宫静卧于绿色的山坡之上，金黄色的圆顶让它看上去像一只正在打哈欠的狮子。它背后蔚蓝的天空，则让它多了一份雄壮之感。到晚霞如锦之时，它又多了一丝苍凉之感。

不开放的日子，人们只能站在门口向里眺望，想象皇宫的华丽。这时，国家皇宫的哨兵便成了景点。这些穿着红色上衣、黑色长裤的哨兵，每次出现，都会引起游人的尖叫。的确，当这些哨兵骑着黑色的高头大马出现时，有谁不愿意为他们送上尖叫呢？

当地政府摸透了游客的心理，所以不时安排扛枪哨兵供人拍照。人们做出各种各样滑稽的表情，与这些可爱的哨兵合影。游人脸上的笑容比太阳还要灿烂，似乎将不能参观的遗憾抛到了脑后。

在拍照的时候，最积极的还数那些顽皮的孩子。他们似乎被哨兵手中的长枪迷住了，总想趁哨兵不注意的时候，偷偷摸一摸长枪。长枪可不是玩具，幸而家长眼疾手快地将他们拉开了。

孩子们有些沮丧，不过还是会认真地对着哨兵敬个礼。看到孩子们的这副模样，家长无奈地叹口气，想：等最高元首诞辰日，再带他们来这里吧。

小贴士

开放时间：最高元首诞辰日。

交通：乘5、7、46、46D号巴士在马来西亚王宫下车即可。

注意事项：在皇宫外观光不需要门票。

感受马来西亚国家体育中心的活力

这里是马来西亚最大的体育中心。若是在有赛事的时候来到这里，游客能感受到这座城市的活力。

在平常的日子里，吉隆坡人是冷静、温柔的。如果你在这座城市迷了路，也不需要惊慌，因为只要向当地人求助，那么无论是老人还是小孩，都会热情地帮你指路。甚至在帮你指出正确的方向后，因为觉得自己的英语不够标准，他们还会不好意思地道歉呢。

吉隆坡人真文雅，和他们打过几次交道的你，或许会如此感叹。然而，要是你看过他们在国家体育中心里的模样，可能就不会如此评价了。

在观看赛事的时候，这些内敛的吉隆坡人，好像唤醒了自己的第二人格，从低眉浅笑的江南姑娘，变成了热情奔放的西域美人。

　　在国家体育中心里，最激动的还是那些年轻男子。他们举着马来西亚国旗，脸上、身上，都画上了国旗。有些游客会悄悄地将他们留在自己的照相机中，甚至会特意抓拍他们声嘶力竭的模样。

　　可是他们一点也不在意，因为他们的注意力全都放在选手的身上了。在选手休息的时候，他们还在紧张地与同伴交流接下来应该采取的战术。看他们严肃认真的模样，你甚至会以为，他们就是国家队教练呢。

　　若是你想见识女朋友的另一副模样，就带她去观看体育赛事吧！这句话是很有道理的。因为，来到国家体育中心，那些说话声音细如蚊蚋的女孩，突然变成了"女高音"。在平时，她可能是需要你保护的小女孩；而在国家体育中心里，她却是可以为你支起保护伞的大姐。

　　然而，你也无须忧心，因为她们与那些脸上画着马来西亚国旗的男子一样，只是被这座国家体育中心的气氛感染了而已。

偷得浮生半日闲
——吉隆坡中央公园

若没有走进这里，你可能不会想到，在吉隆坡寸土寸金的城市中心，竟然有这样的景色。越往城市中心走，就越能感受到城市想要探索天际的愿望，吉隆坡也不例外。来到市中心，没有人不会被直指苍穹的双子塔所吸引。

它如同两座天梯，深入云端。站在双子塔脚下仰望，看阳光在双子塔上反射出金黄色的光芒，蔚蓝天空中变幻的浮云，再加上两旁林立的高楼大厦，人们会有种身处悬崖底部的感觉。

双子塔以及它周围的建筑物，向人们显示了吉隆坡想要成为国际大都市的野心。步履匆匆的都市人、精致的建筑物、川流不息的车辆，好像就是吉隆坡市中心的全部景色。

而当人们无意间发现吉隆坡中央公园，走近郁郁葱葱的树木时，或许会有种不真实感：这里真的是市中心吗？是不是我走错了路，来到了桃花源？

　　的确，谁能想到就在双子塔不远处，竟有一个郁郁葱葱、鸟语花香的地方。它是都市人的"原始森林"，虽然相比真正的森林，这里既没有参天古木，也看不到梅花鹿、猕猴之类的小精灵，但它依旧成了当地人心中一个化不开的梦。

　　清晨，树上的鸟儿都还没有起床的时候，就有人来拜访这座公园了。戴着耳机，脖子上搭着毛巾，晨跑者用自己的脚步声叫鸟儿起床。被叫醒后，鸟儿并没有生气，它们飞到枝头，自在地唱起歌来，似乎要唤醒沉睡的花草。

　　中午，是吉隆坡中央公园最安静的时光，不过也会有忠实的支持者来探望它。这些人是在不远处的大厦里上班的都市人，相比办公室的冷气，他们更喜欢吉隆坡中央公园里温暖的空气。

　　阳光透过叶子洒下来，留下了斑驳的树影。人们坐在树荫下的长椅中昏昏欲睡，不远处的小黄花在微风中摇头晃脑，好像正兴致勃勃地为疲惫的都市人唱摇篮曲。

晚上，是吉隆坡中央公园最热闹的时候。在这里夜跑的人有很多，而鸟儿探出头，似乎想找到早晨叫醒自己的人的身影。当然，在此锻炼的大妈大爷也不少。大妈们轻快的舞步和大爷们气定神闲的拳法，一快一慢，互相映衬。

最兴奋的还是来这里散步的孩子。每天晚上，这里都有音乐喷泉。开始喷泉表演后，那些刚刚还在给父母找"麻烦"的孩子，立刻化身为一座石雕，一动不动地，静静地盯着随音乐变幻的喷泉。

表演结束后，他们马上恢复了"本来面目"，哭着闹着，要父母给自己买一个这样的玩具。这当然是不可能的，父母只得答应明天再带他们过来。

夜深了，孩子、锻炼的大爷大妈都已离去，吉隆坡中央公园静悄悄的。这时，该轮到吉隆坡中央公园拜访别人了，它走进吉隆坡人的梦中，温暖了他们的每一个梦。

让人惊喜的卫星城——八打灵再也

八打灵再也是吉隆坡最早的卫星城，是为了解决吉隆坡人口过剩问题而建立的。如今，这座位于吉隆坡西南的卫星城，已经成了一座繁华且文化气息浓郁的城市。

八打灵再也这个名字，是马来语 Petaling Jaya 的音译。或是觉得这个名字太绕口，所以游客常会称其为 PJ 或灵城。

灵城是个美丽的地方，虽然现在人们来到这里，往往会被其流光溢彩的夜景吸引住——入夜后，那川流不息的车流，以及大厦上闪烁的灯光，让这座城市显得灵动秀美，但是老城区有浓郁英国殖民时期风格的建筑，也让人难以忘怀。

在灵城的老城区中穿行，人们仿佛进入了一个飘着迷雾的梦境。那些古老的建筑已经被岁月侵袭，却依旧美丽。道路两旁的巨大棕榈树，在风中摇曳，沉默不语。在蝉鸣声中，你似乎回到了几十年前，好像在转角处，就会遇到一个穿着制服的英国殖民者。来老城区散散步吧！你会得到不一样的体验。

　　当然，灵城给人们的惊喜还不止于此。华灯初上时，可以让当地华人带着去夜市转转。在那里，可以品尝到最地道的马来西亚美食，还可以了解当地人的生活方式。

　　夜市中的小食摊一般都极为简朴，但这丝毫不影响人们的食欲。那些认识的、不认识的人，都围坐在一张木桌上，点上几份小菜和一听冰啤酒后，便天南地北地闲聊。

　　即使听不懂马来语也没什么，他们的话题不过是今日工作、家庭琐事之类。然而虽然话题没什么建设性，但这是他们放松的主要方式，所以夜市上的当地人格外亲切。

　　要想和他们交朋友也很简单，只需点上一碗咖喱面或炒粿条，坐在他们身边，点头微笑，或是找准时机附和几句就可以了。

品尝 Beryl's 巧克力工厂的甜美

这是一个还没走进去就会被迷住的地方。

Beryl's 巧克力工厂，成立于 1995 年，是马来西亚颇负盛名的巧克力制造工厂。这里的房屋都是典型的欧式风格，白色的墙面和红色的屋顶相互映衬，最外面还立了一块绿色的牌子，上面写着"Beryl's 巧克力王国"。

看来，建造者并没有将其当做一个巧克力工厂或一个贩卖巧克力的店铺，而是想要其成为一个充满着巧克力香味的童话小镇。

虽说在这个巧克力工厂，人们可以看到巧克力的制作流程，但是一般来说，游客不怎么去后面的工厂，而是一窝蜂地涌进了摆满巧克力的店铺。

　　这个掩映在绿树中的店铺有些不起眼，但是只要你走近它，马上就会被其浓香的巧克力味吸引住。店铺的入口还有一个巧克力的卡通小人，他竖起大拇指，头上还戴了一顶写有 "Beryl's" 的帽子，似乎在对游客说："想证明自己'到此一游'吗？那就来和我合照吧！"

　　店铺很小，但"麻雀虽小五脏俱全"。进入店铺中，会有种被巧克力"包围"的感觉。那些平时在商场中只占据一小部分的巧克力，在这里变成了孙悟空的头发，被齐天大圣轻轻一吹，便幻化成无数个分身来。

　　"我这辈子都没见过这么多巧克力。"在这个店铺中逛上一圈，人们或许会发出这样的感叹。这里的巧克力虽多，却不会让人产生厌烦的感觉。因为这里的巧克力有点调皮，它不断地变幻自己的面孔，给人以新鲜感。

　　你喜欢吃什么口味的巧克力？是提拉米苏、芒果、草莓味，还是凤梨味的？要是你觉得这些口味的巧克力太普通也没关系，这里还有榴莲味的巧克力。

　　作为盛产热带水果的国家，马来西亚的猫山王榴莲不容错过。而用极品猫山王榴莲制成的巧克力从来都是紧俏货。在你犹豫的时候，榴莲味的巧克力可能就会被人抢光了。

　　什么，你觉得这些巧克力没有特色？别着急叹气，这个小店铺里还有你从未见过的巧克力：人参味、东革阿里味、辣椒味……

　　不喜欢吃巧克力也没关系，在此为亲人朋友挑选巧克力也不错。这里的巧克力不仅口味丰富、包装精致，而且店员还会提供礼盒，最适合送人。

　　不得不感叹 Beryl's 巧克力管理者的智慧，他们甚至连糖尿病患者都考虑到了。看，那个以大猩猩作封面的巧克力就是无糖的。

　　带着孩子来这里是一件甜蜜又痛苦的事情。没有孩子不喜欢这个地方，那浓郁的巧克力味，似乎是孩子的"笑气"。前一秒还在门外哭闹的孩子，后一秒就喜笑颜开，像极了发现金矿的淘金者。

　　不过在父母看来，如此兴奋的孩子太难控制了。孩子们在店铺里跑来跑去，看见任何口味的巧克力都想买下来。连看见那些由巧克力雕刻而成的摆设时，他们都忍不住凑上前，想悄悄地咬一口。

　　这可不能怪孩子调皮，这里的巧克力正向人们展现她最美的姿态，又有谁可以抵挡她的魅力呢？

小贴士

地址：38, Jalan Utara, Off Jalan Imbi, 55100 Kuala Lumpur, Malaysia。
交通：乘坐 LRT 绿线到武吉免登（Bukit Bintang）站，往东步行约 10 分钟即可。
开放时间：9：00—18：00。

在中央市场中感受当地的文化

把吉隆坡的中央市场当做旅程的第一站，是一个不错的选择。
这是一个两层楼的小商品市场，在这里，可以找到各式各样具有当地特色的工艺品。
不过，对刚刚来到吉隆坡的游客来说，最吸引人的还是那些贩卖当地传统服装的店铺。

如何让自己的旅程更具当地特色？没有比穿传统服饰更好的方法了。来到这个市场，穿
行于各式各样传统服装的店铺中，恍惚间，你也变成了当地人。

这里特别受爱美的姑娘的欢迎。的确，买一身传统服饰，可以为照片增色不少，而且还
不需要花太多的钱，为什么不好好逛一逛呢？

而那些对马来西亚传统服饰不感兴趣的人，也不会对这里感到厌倦。中央市场可不光是
卖衣服的地方，这里还有很多餐馆。即使在华人开的餐馆中，你也能尝到正宗的东南亚风味。

当然，将中央市场作为旅程的最后一站也很好。

在旅程的最后一天，你一定有些疲惫了。或许，东南亚口味的菜肴已经吃腻了，马来西亚风格的建筑也已经看厌了。

你开始想念故乡的风景、朋友、亲人。既然如此，何不将此刻的感受写下来，将旅途中遇到的趣事都告诉他们？

如何告诉他们？写明信片即可。是的，这里的明信片多种多样，便宜又有特色。选择一张具有马来西亚风情的明信片，买一张邮票，找个安静的咖啡厅，将自己的心情都写下来。你也不用担心寄不出去，门口就有个邮筒。

在这里购买手信也很好。市场中有很多有特色的商店，银器、木雕……各式各样的纪念品都有。这些纪念品的价格大多很便宜，如果对价格不满意的话，也可以讨价还价。不需要担心自己的英语或者马来语不够好，在中央市场里，懂中文的摊主可不少呢。

品味咖啡山森林保护公园的闲适

在晴朗的日子里，来到咖啡山森林保护公园散步是再惬意不过的事情了。

要是在没有人的日子里，进入这个公园，也许会产生错觉：以为自己身处原始的热带雨林。那蔽日的古木如同一位老者，向人们讲述这个城市的历史。而在丛林中飞驰的猴子则是最调皮的侍者，它们给人带来欢乐，又让人头疼不已。

周末时，这里便成了孩子的天下。父母带着孩子来这里野营，孩子围着两人才能合抱的大树不停地转圈，好像要给正在支帐篷的父母添乱："你猜我需要转多少圈，才会晕倒？"

见父母不理睬自己，孩子又有了新游戏。他试着和附近一家比他更小的孩子交朋友，并且对他讲解林中古老的树木。这些知识是父母告诉他的，不知道他记对了没有。只有大树知道答案，但它沉默不语，只伸了个懒腰，落下了几片树叶。

现实中的天空之城
——云顶高原

它是东南亚最大的高原避暑地，是现实中的天空之城。

云顶高原位于吉隆坡东北约 50 千米处，从市内前往云顶高原大约需要 1 个小时的车程。然而，当人们从车上下来后，就会发现旅程刚刚开始。

云顶高原海拔约 1860 米。坐了 1 个小时车的游客还在它山脚下呢。从山脚到云顶高原，需要搭乘约 15 分钟的缆车。而这 15 分钟就是云顶高原给人的"下马威"。

随着缆车缓缓上升，人们会发现为什么自古人们都想探索天际，因为高处的风景太美了。透过玻璃向外看，马来西亚特有的花草出现在面前，郁郁葱葱，生机勃勃。

而当人们想要将它们看清楚的时候，远处的云海又将它们笼罩了起来，似乎是想要给美人蒙上一层面纱，让人们有一种可遇而不可得的遗憾。

从缆车上下来后，山顶清新的空气立刻将人们包围。此时，人们似乎能分辨出空气中的微小粒子。抬头看，云朵就在不远处，山顶的雾气笼罩着人，让人有种乘风欲飞的感觉。

小贴士

交通：从吉隆坡中央车站乘巴士到云顶缆车站即可。

穿衣提醒：云顶高原和吉隆坡市区存在温差，记得多带点衣服。

注意事项：云顶缆车每月需要维护，那时，人们只能自驾或乘坐大巴前往山顶。

当然，云顶高原之所以出名，不仅仅因为它的地理位置，还因为这里有琳琅满目的娱乐设施，游乐园、高尔夫球场、歌舞厅应有尽有。在如此高海拔的地方，坐过山车、跳楼机，是一种怎样的体验？不知道这些勇敢者的尖叫声，会不会打扰到与玉兔嬉戏的嫦娥呢？

如果对这些娱乐设施不感兴趣也没关系，安心地欣赏这里的景色也很好。清晨，云海翻腾，朝霞绚丽。傍晚，夕阳西沉，天空也变得平静而温柔。往山下望去，还能看见吉隆坡璀璨的灯光。

感受武吉丁宜高原的异域风情

好像参观云顶高原后，武吉丁宜高原便变得可有可无了。实际上，虽然它们的名字里都有"高原"二字，且都是避暑胜地，但是风景却完全不同。

如果说云顶高原是一位飘扬而至的仙女的话，那武吉丁宜高原就是温柔、可以亲近的异域美人。

吉隆坡是一个很有意思的地方，因为当地人对外来文化抱着一种包容的态度，所以在这里可以玩"假装在国外"的游戏。比如在印度人街，可以假装在印度。而在武吉丁宜高原，就可以假装在法国、日本。

武吉丁宜高原上有两个村落：法国村和日本村。而这两个村落的建筑也很对得起它们的名字。在法国村中，可以看到暖色调的欧式房屋、由鹅卵石铺成的大街、古罗马式的喷水池。坐在露天餐厅中，和当地人自在地聊天，恍惚间，自己似乎也变成了一个随性浪漫的法国人。

而走进日本村中，整洁的街
道、日本茶屋、日式庭院，又将人从飘扬
着法国歌曲的梦境中拉了出来。那瘦削的、穿着平底鞋
的法国美人不见了，取而代之的是撑着伞，低头慢走的艺伎。你想追上她，
可她一转弯，便消失在细雨中。

　　不知道是不是因为云顶高原的光芒太盛，掩盖了其他避暑胜地的光芒，武吉丁宜高原显
得颇为寂寥。别说是平日，即使在周末，这里的人流量也不及云顶高原的三分之一。

　　不过静也有静的好处。这里是一个适合发呆的地方，在露天餐厅点一杯咖啡，望着不远
处的红花绿树发呆，绝对不会有人来打搅你。等到伸个懒腰，准备打道回府时，才会发现日
子竟过得这么快，已是夕阳西下之时了。

玄热带雨林探险——国家动物园

还没有走进这里，远远地便能听到狮子的嘶吼声。别害怕，这只是马来西亚国家动物园欢迎人的一种方式罢了。

若是将这座动物园换个名字的话，或许更加了解这座动物园的特色——"马来西亚野生动物园"。是的，这里的野兽并没有被关在笼子里，而是在草地上自由自在地散步。

在这座动物园，能够让人感受到浓郁的热带风情。这里到处都是热带雨林，菲律宾眼镜猴在高大的树木中荡来荡去，远处传来老虎的怒吼，高大的树木遮蔽了烈日，人们却不敢有一丝放松，好似自己真的身处热带雨林中。

不过也有一脸轻松的游客，他们穿行于这些巨大的树木中，似乎感受到了猿人泰山的惬意。

交通：很多路公交车都可以到这里，如16路、17路、170路、177路等。

开放时间：周一至周五9：00—17：00，周六、周日和法定假日9：00—22：30。

姹紫嫣红开遍
——吉隆坡兰花公园

吉隆坡人似乎格外偏爱兰花。在市内，随处都可以看见在风中摇曳的兰花。或许是因为太过喜欢，所以吉隆坡人特意在湖滨公园中建了一个兰花公园。

中国人也很喜欢兰花，"君子如兰"便是形容君子高洁品行的句子。但兰花并不好养，没有经验的人很容易"渴死"或"淹死"它。

不过，当人们来到吉隆坡兰花公园后，似乎会将"兰花难养"这个观念抛之脑后。正如去四川卧龙大熊猫自然保护区后，人们会将"大熊猫是珍稀动物"这个观念暂时忘记。

当然，这里不仅仅是一个公园。一到周末，这里就变成了兰花集市，人们在此贩卖花束和花苗。而花农的顾客，除了爱兰者，还有色彩斑斓的蝴蝶。

一个浓得化不开的梦

——鹿园

兰花公园不远处，湖滨公园山坡下，就是鹿园。

要是细数大自然的精灵，梅花鹿是不会被人忘记的。这种闪烁着大眼睛的生物，似乎就是精灵的代表。

它们出现的地方，似乎都会升起层层薄雾。而无意间发现它们的人类，也不敢唐突它们。人们看它们迈着优雅的步子，往丛林深处走去，连快门都舍不得按下，生怕打扰到它们。

在湖滨公园的鹿园中，梅花鹿似乎没有那么神秘了。它们在清凉的树荫下散步，要是想吃零食，就走近游客，吃游客早已准备好的食物。此时的梅花鹿有些像下凡的仙女，纵然没有祥云，人们也不敢对它无礼。

当然，也有害羞的梅花鹿，它们藏在鹿园深处，需要人们去寻找它们。这是一件很有意思的事情。在鹿园中散步，虽然没有在原始森林中探险的刺激感，却别有一番风味。

阳光如水般透明，温柔地照在游客身上。远处，一片小黄花在风中摇曳。大树好像睡着了，微风吹过，却听不见树叶响。

走得累了，人们心中寻找梅花鹿的念头越来越淡，温暖潮湿的空气，让人昏昏欲睡。索性睡一觉吧，有的人如此想。找到一棵大树坐了下来，正准备打个盹儿，"精灵"却在此时出现了。

梅花鹿缓缓走进了人们的视野，学着人的模样，在树下坐了下来。阳光洒在梅花鹿身上，为它披上了一层金黄色的外衣。看到梅花鹿气定神闲的模样，游客的紧张不安也渐渐消失，索性闭上眼睛休息。等醒来时梅花鹿已经离开了，而刚刚发生的事情，则变成了朦胧的梦。

走进蝴蝶漫天飞舞的公园

要 多少个香妃，才能引来这么多只蝴蝶？

其实，与其将这个拥有120多种蝴蝶的地方称为"蝴蝶公园"，不如将其称为"蝴蝶家园"。因为这里的蝴蝶没有被关在笼子中，而是自由自在地在室外飞舞。而那些进去参观的游客，反倒成了被参观者。一进门，各种各样的蝴蝶便围上来，它们扇动着翅膀，好像在说："欢迎，欢迎！"

当然，也有比较"懒"的蝴蝶。它们停在绿叶上，一动也不动，像在小憩。当人们走上前去和它们合照时，它们虽然连头也不抬，却很配合，大方地展示自己点缀着红点的翅膀。

不过这些"懒"蝴蝶也有自己的偏爱。它们特别喜欢孩子，也十分享受当自己停留在孩子头顶上时，孩子的尖叫声。虽然有时候它们也会被孩子的尖叫声吓一跳，不过这也没办法，谁叫它们的魅力太大呢？

小贴士

注意事项：这里离雀鸟公园很近，可以一并游玩。

亚洲最大的飞禽类公园——雀鸟公园

进入雀鸟公园，人们会有一种身处大自然的感觉。雀鸟公园里到处都是大树，草地上尽是不知名的野花，让人们产生一种误入原始森林的感觉。但也不需要感到害怕，因为这里没有吐着芯子的蛇、矫捷灵敏的豹子、威风凛凛的老虎，只有各种各样的鸟类。

吉隆坡的雀鸟公园是亚洲最大的飞禽类公园，有超过 5000 只鸟儿在这里居住。更有趣的是，这里号称"自由飞随便走"，所以当鸟儿飞到肩头时，大可不必惊慌，这只是它表示友好的一种方式而已。

　　孔雀在人们面前走来走去，不过不一定会开屏。没关系，看到满园的孔雀，人们的心情也坏不起来。虽然这些孔雀不把人当一回事，但当人们拿着从自动贩卖机买来的鸟食喂它们时，它们还是很给面子的。

　　吃饱后，它们也许会奉上一场表演：打架。带着孩子的游客，或者会对孩子说：这可不是你应该学习的行为。不过游客也只是嘴上说说而已，没有人敢去阻止这两只"怒发冲冠"的孔雀。

　　这时，最激动的就是鹦鹉了，它们在枝头落下，对孔雀喊话。听不懂马来语的人，也不知道鹦鹉是在劝架，还是在为其中一只孔雀助威。或许，连当地人也听不懂鹦鹉在说什么。毕竟，这是鸟的王国，它们在交流的时候自然只会使用一种语言：鸟语。

　　有时候，游客也会得到额外的馈赠——一坨从天而降的"黄金"。这礼物的赠与人是谁？游客抬头望去，那些长脖子的、大脚的、大嘴的鸟都默契地转过身，好像没注意到游客的目光。

小贴士

开放时间：每天上午9时至下午5时。

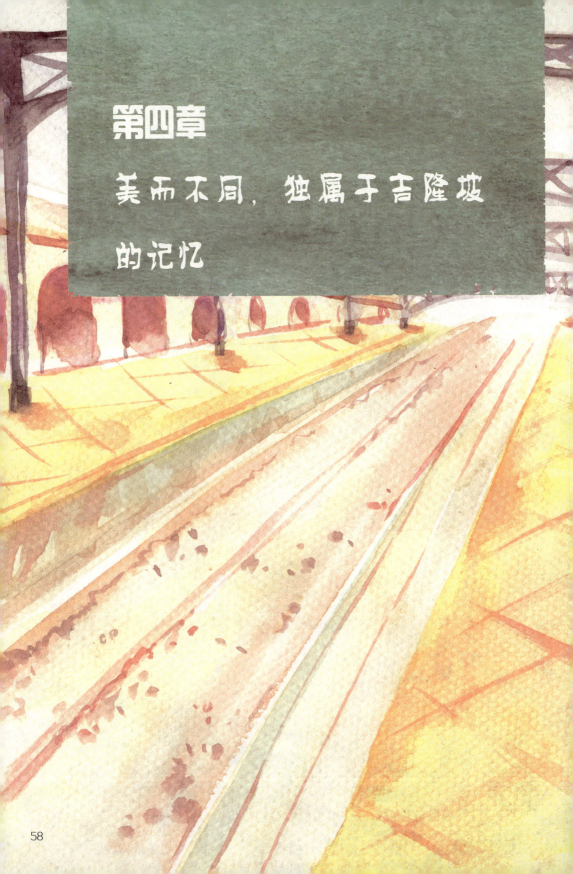

第四章

美而不同，独属于吉隆坡的记忆

　　摩天大楼、川流不息的车辆，看上去，吉隆坡和其他现代都市没什么不同。

　　实际上，若你能走近那些古老的建筑物，就能感受到这座城市的悠长余韵。

　　就像那被誉为"全世界最美火车站"的老火车站，虽然已经被中央火车站代替，却依旧是当地人心中难以忘记的梦。

　　又如兰花公园附近的玛格丽城堡，虽然看上去孤零零的，但当人走近它时，还是能听到那在风中回荡了上百年的传说。

全世界最美火车站
——吉隆坡老火车站

当来到吉隆坡老火车站，便会发现它被称为"全世界最美火车站"的原因了。

就外观而言，它不像一个火车站，反倒像一座宫殿。白色的墙体在阳光的照耀下显得格外圣洁，拱柱圆顶让这座火车站变得雄伟。

它若是宫殿，也应该是最吸引人的那种。它端正又不华丽，庄严却不会让人敬而远之。如果将它比作人的话，应该是受过教育、举止优雅的小姐，处事大方得体，却具有一种亲和力，让人不自觉地围绕在她的身边。

吉隆坡老火车站曾是人气最高的火车站。对吉隆坡人来说，这里曾是他们旅程的起点。那时，人们如果要去较远的城镇，就一定要在这里搭火车。火车从这座"宫殿"中驶出，阳光透过车窗玻璃洒在座位上，一扫人们心中的阴霾。人们在阳光下吃肉干和豆沙饼，对未知的恐惧也渐渐消失。

对新加坡人和泰国人来说，这里曾是他们旅途的终点。他们从自己家门口出发，乘坐火车来到这个未知的国家。这个国家到底是什么样的？即使长辈曾多次向他们描述过这个国家，但他们依旧紧张不已。自己是否能适应马来西亚的水土？这个国家是否会有自己的一席之地？

带着种种顾虑，他们驶向吉隆坡老火车站。他们看着一座宫殿离自己越来越近，而在最后，火车竟然驶入了这座"宫殿"。下车后，他们细细地打量着这座精巧至极的"宫殿"。那巨大的白色柱子，如同一阵微风，吹散了他们心中的忧愁。

虽然在中央火车站落成后，吉隆坡老火车的地位已大不如前，但是在很多人眼中，它依旧无法代替。因为这里不仅有美轮美奂的建筑物，还有他们对这座城市最初的记忆。

吉隆坡市中心的中华文化——陈氏书院

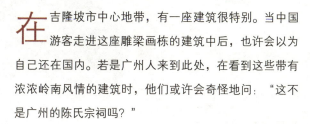

在吉隆坡市中心地带，有一座建筑很特别。当中国游客走进这座雕梁画栋的建筑中后，也许会以为自己还在国内。若是广州人来到此处，在看到这些带有浓浓岭南风情的建筑时，他们或许会奇怪地问："这不是广州的陈氏宗祠吗？"

是的，这些建筑群的建筑结构和装饰风格，皆仿自广州的陈氏宗祠。为什么吉隆坡会出现一个缩小版的"陈氏宗祠"？在这背后有个令人感慨的故事。

一百多年前，广东省的陈氏宗亲合资修建了陈氏宗祠。马来西亚的华侨陈秀连听说了这个消息后十分高兴，还在广州陈氏宗祠落成之时回乡参加庆典。陈氏宗祠的规模和精美程度让他感叹不已，而让他更加难以忘记的是，分离许久的亲人一起在陈家祠中祭拜祖先的情景。

因为生意都在马来西亚，所以在庆典结束后，陈秀连便匆匆赶回吉隆坡。可是，祖先牌位前久久不散的香火让他印象深刻，他对故土的思念也越来越深。何不在吉隆坡建造一座与广州陈氏宗祠类似的建筑？这样既可以一解乡愁，又可以让在马来西亚的陈家宗亲团结起来。

正好当时英国政府出让茨厂街的七间店铺，陈秀连便买下了这块土地，接着和其他陈氏宗亲商量建造陈氏书院。

土地是有了，但是另一个问题更难解决：如何修建？要知道，在马来西亚修建古粤建筑群并不是一件容易的事情。当地工人大多只会修建欧陆风格的建筑，对岭南建筑知之甚少。于是，陈秀连只好从国内请设计师、运原材料。

细心的人会在陈氏书院的陶瓷装饰品上看到一
个名字——"吴奇玉"。为什么会出现这个名字？
因为在当时，马来西亚当地无法烧制具有岭南风情
的陶瓷装饰品。于是，陈秀连只得在广东石湾找能
工巧匠烧制，之后再运到马来西亚。而吴奇玉就是
这些陶瓷装饰品的制作者。

原材料、能工巧匠都找到了，看起来
似乎不需要多久，陈氏书院就可以完工了。
然而，天有不测风云，在修建到一半的时
候，经济危机来临。陈秀连的生意受到了
影响，工程也一度停顿。

难道真的要放弃这个计划吗？陈秀连有些不甘心，在祭拜祖坟的时候，这位矿业商人许下心愿，希望祖先能保佑自己采到锡米仓——锡集中的地方，他会将所有的钱都拿来修建陈氏书院。

不知是他的心愿被陈氏祖先听到了，还是他的运气足够好，后来，陈秀连真的采到了锡米仓，成功渡过了经济危机。而他也履行了自己的诺言，将大部分钱都拿来修建陈氏书院。然而即便如此，陈氏书院也历经近10年才建成。

如今，这座中国境外难得见到的古粤建筑物，成了马来西亚的重点保护建筑。里面精致的木刻石雕、带有岭南风情的门窗栏杆，引得无数游客前来观赏。而当陈氏宗亲来此时，平常不开的中山门会被打开，陈氏族人会在宗祠中烧香祭拜先祖。这其中自然也有陈秀连的牌位。

有趣的是，陈氏书院里设有"人文图书馆"，在游客感叹陈氏书院美轮美奂的建筑时，当地华人正在图书馆中享受阅读的乐趣，丝毫不受鼎沸人声的影响。或许，这个美丽的岭南建筑，早已不仅仅是陈氏宗亲的庇护所了。

微缩版的"吉隆坡"
——城市美术馆

要找到吉隆坡城市美术馆是一件很容易的事情。它位于独立广场中心，对面有一座古印度莫卧儿王朝风格建筑，来到独立广场游览的游客，一般不会错过这个景点。

如果实在找不到也没关系，不如放下地图，往人最多的地方看去，那里十有八九就是吉隆坡城市美术馆。

为什么吉隆坡城市美术馆的人气这么高？难道里面藏着国宝？并不是。其实，相较于美术馆里面的陈设物，美术馆外面的雕像更吸引人。

是的，那座最著名的"I LOVE KL"雕像就立在城市美术馆门外。这座雕像太出名了，出名到不知道城市美术馆和独立广场也没关系，但既然来到了吉隆坡，就必须与这座雕像合影。

有人说，这座"I LOVE KL"雕像之于吉隆坡，如同"不到长城非好汉"的纪念碑之于长城。因此，无论是否准备进城市美术馆参观，人们都要在这个"吉祥物"前摆出各种造型。

和"I LOVE KL"雕像合过影后，走进城市美术馆。不过，当人们认真参观完城市美术馆后，却产生了一种"走错路却见到美景"的感受。

这里是个微缩版的"吉隆坡"。在这里，人们可以通过图片、照片和建筑模型来了解这个城市的历史。不用担心看不懂，因为二楼的影厅中有介绍这座城市的影片，制作者贴心地配上了中文字幕。

美术馆并不大，只有两层，即使放慢步子，一个多小时也就参观完了。当从这座小而精致的美术馆中出来时，吉隆坡的一切便尽在心中了。

梦幻的吉隆坡国立纺织博物馆

独立广场对面那座红白色的建筑就是吉隆坡国立纺织博物馆。即使并不打算参观博物馆的人也会被它吸引，因为这座博物馆实在太美丽了。红色和白色交相呼应，有一种和谐的美感，顶上温柔的圆顶，又让它变得梦幻而朦胧。

它的展览品也十分梦幻。博物馆里展示了马来西亚的纺织艺术和手工业技术，在这里还能观赏到峇迪布料的染制过程和各种传统面料的编织过程。

触摸这个国家的灵魂
——马来西亚国家博物馆

兰花公园不远处，那座掩映在棕榈树下的红顶白墙建筑，就是马来西亚国家博物馆。

有人说，来到一个陌生的国度，若是不参观这个国家的博物馆，那么即使走遍了这个国家的每一个角落，也不算真正了解这个国家。所幸，马来西亚国家博物馆就在吉隆坡，在欣赏过满园兰花后，只需稍微往前走走，就可以来此触摸到这个国家的灵魂。

入口处，两侧墙上的壁画就给人一个"下马威"。这两幅长约35米、高约6米的壁画，色彩绚烂，人物栩栩如生，让人移不开脚步。

马来西亚的历史悠久，发生的事情千千万万，又怎么能用几句话说清楚？而且在某些人看来，历史枯燥而无趣，只有学者才会去费心了解。

看到这两幅壁画后，他们大概会改变自己的观点。在这两幅壁画上，人们可以看到马来西亚重要的历史事件。甚至有人说，站在马来西亚国家博物馆门口仔细欣赏壁画，便能了解这个国家的历史。再不爱学习的孩子，也会乐于了解这些知识，因为这里有孩子最喜欢的学习方式——通过图画学习。

当然，那些好学的游客也不会就此满足，他们会走进这座博物馆，仔细地欣赏里面的展览品。

若是对马来西亚的历史不感兴趣也没关系，因为在这里还能看到熟悉的文物。

看，那个白底蓝花的瓷器，不就是大名鼎鼎的"青花瓷"吗？这具有中国风情的艺术品，为何会出现在马来西亚国家博物馆？实际上，它们是跟着船队，沿着海上丝绸之路来到此地的。

那时，中国的瓷器是马来西亚市场上的紧俏货。每次中国商船靠近港口时，都会引起轰动。后来通过考古挖掘的精美瓷器，便成了马来西亚国家博物馆的珍宝。

　　孩子们也很喜欢参观这个博物馆，不过他们对室内的展览品没什么兴趣，他们喜爱的是室外展览馆。

　　看，那辆老爷车旁边是不是聚集了很多孩子？此时，孩子们都变成了导游，他们用老练的口气向父母介绍这辆车的历史。

　　当然，也有调皮的孩子，趁家长不注意，他们不住地抚摸着这辆汽车，大概抱着"既然不能开，摸一摸也很好"的心理。看到这样的情景，家长只能无奈地叹口气，说："别摸了，你只是在帮它擦灰啊。"

小贴士

　　交通：乘坐双溪毛糯——加影线（深绿色）捷运至国家博物馆站下车即可。

　　开放时间：9：00—18：00。

庄严肃穆的国家英雄纪念碑

湖滨公园对面，靠近吉隆坡火车总站和国家清真寺的地方，就是国家英雄纪念碑。国家英雄纪念碑，单看这个名字，人们就知道它对马来西亚人民的意义。马来西亚的近代史就是一部血泪史。从16世纪起，马来西亚先后遭到葡萄牙、荷兰和英国侵略，并在1911年沦为英国殖民地。而在第二次世界大战期间，马来西亚的部分地区还曾被日本占领。

如今马来西亚早已独立，人们也过上了和平的日子，黑暗早已过去。然而，历史是不能被遗忘的。马来西亚人很清楚，如今的和平是无数英雄用自己的鲜血甚至生命换来的。于是，人们在此建造了国家英雄纪念碑，纪念那些在独立前为国捐躯的英雄。

国家英雄纪念碑的游人不多，只有鸽子在纪念碑旁边自在地散步。马来西亚人将这里遗忘了吗？并没有，纪念碑下的红色花环就是最好的证明。

见证国家兴衰的半山芭监狱

曾经的半山芭监狱是马来西亚监狱中的"明星"。

这座监狱始建于 1891 年，于 1895 年落成，最初占地 10 公顷，有近 130 个囚室。那时的半山芭监狱已经足够大，可以容纳近 600 名犯人。然而，当时的执政者并不满足，他们继续扩建监狱，直到这座监狱可以容纳近 20 000 名犯人为止。

而在当时，这座规模宏大的监狱是所有人的噩梦。高高的围墙将监狱与外面隔绝起来，犯人在监狱中散步，抬头望去，只能见到又窄又阴沉的天空。

每天深夜，犯人们都会听到哭泣声。这哭泣声从何而来？或许源自哪个健壮的中年男子，又或许来自在此度过半生光阴的老人。犯人们最怕来自 D 座建筑的消息，因为那是施行死刑的地点。

直到 1996 年，这座监狱才被关闭，而后曾经被改为博物馆。或许是人们并不想回忆那段

历史，所以在 2009 年，人们决定拆掉半山芭监狱，以拓宽道路和兴建商业大厦。

然而，当半山芭监狱被拆掉近一半时，人们突然意识到这座监狱的重要性，想起它曾经见证过这个国家的兴衰。真的要让这座监狱消失在自己眼前吗？若是那样，自己以后只能从书本上看到这座监狱了。于是，人们停止了拆卸，将这个残缺不全的监狱保留了下来。

如今，游客已经看不到半山芭监狱原来的模样，也找不到任何可以说明这座监狱身世的文字。不过，当游客看到监狱外墙上的壁画时，曾经的历史好像画一样清晰地出现在面前。

这幅壁画的作者就是这座监狱曾经的犯人，在 500 多天的服刑期中，他用最简单的画笔在墙上完成了这幅宏伟的作品。他是怎么做到的？或许，除了对艺术的不懈追求外，还有在服刑过程中的不甘和寂寞吧。

宁静的敦·阿卜杜勒·拉扎克纪念碑

这里是一个冷门的景点。即使在旅游旺季，这里依旧没有什么游人。纪念雕像旁边的喷水池孤零零的，自顾自地洒水玩。不远处带有清真风格的走廊空空荡荡，石柱上精美的雕像也没有人来欣赏，只有几只鸽子时不时打量一番。

不过这里还是有访客的。时不时有些拿着鲜花、神情肃穆的人来这里献花。然而他们并不是游客，而是当地人。

这座纪念碑是纪念马来西亚的第二任首相敦·阿卜杜勒·拉扎克建造的，他在任期间，马来西亚的经济取得了较大的发展，当地人感念他的贡献，所以时常来此献花行礼。

纪念碑旁边还有一个纪念馆，要是有兴趣的话，可以进去听解说员介绍马来西亚第二任首相的故事。要是不愿意动的话，也可以坐在走廊中的长椅上，看鸽子在纪念碑下蹦来蹦去，听风声中的故事。

小贴士

交通：乘坐 LRT 红线或蓝线到 Kuala Lumpur 站，再往西步行约 10 分钟即可。

开放时间：周二至周日：10：00—17：30，周五 12：00—15：00。

探访"长发公主"
——玛格丽城堡

探访玛格丽城堡时，人们难免会产生一种探访秘密花园的感受。

玛格丽城堡，这个名字很唯美，听上去像是人声鼎沸的景点，但是实际上它却少有人问津。若是你向年轻的吉隆坡人打听这个地方，他们也许会疑惑地摇摇头，说："那是什么地方？我从来都没有听过。"

这座被人遗忘的城堡已经有近200年的历史了。它是以沙捞越的第一个白人酋长、英国探险家查尔斯布鲁克妻子的名字命名的。当然，人们修建它的目的，并没有它的名字那么浪漫。它是为了监视沙捞越河面的情况而修建的。那时，士兵在此巡逻，警惕海盗的出现。

第二次世界大战时，它派上了极大的用场——一次又一次地发现敌军的踪影。以至于当时日军占领此地后，曾一度想炸毁它。不过不知是这座城堡太过坚固，还是日军考虑到它的军事用途，这座城堡并没有被炸毁，保存至今。

不过，当人们从战争的喧嚣声中走出来后，这座在战争中发挥过作用的城堡竟被人们遗忘了。它如同被囚于城堡高楼中的长发公主，日日对着外面的树林歌唱，却无人来欣赏她的美丽。

要探访这个"长发公主"并不是一件容易的事情。人们需要从河滨公园出发，摇着小船驶向对岸。河面波光粼粼，阳光温柔地洒在人们身上，鸟儿在河岸的树丛中鸣叫。抬头望去，远处玛格丽城堡掩映在绿树丛中，人们只能看见洁白的塔顶。

抵达对岸后，还要走很长一段的山路。不过或许是"巫婆"不想太过为难游人，所以山路上出现了不少路标指示牌，只需要跟着指示牌走即可。

这是一段考验人耐心的路程。此时，刚刚游湖时的惬意早已消失，绿树也很不配合，任由烈日炙烤游人，无数勇士选择在此放弃。

　　不过，当白色的玛格丽城堡出现在眼前时，游人就会觉得刚刚付出的汗水都是值得的。微风过处，城堡旁边的大树摇动着它的枝叶，仿佛在欢迎勇士的到来。在蓝天的映衬下，玛格丽城堡显得格外圣洁，像是从未被战争侵扰。

　　不知是景色太美，还是从不远处河面吹来的风太宜人，即使在炎热的中午，这里也格外凉爽。而游人那因崎岖山路而变得躁动不安的心，也早已平静了下来。

　　城堡里有一个警察博物馆，进去看一看展览品也很不错。若是不感兴趣的话，可以在城堡的草地上自在地散散步，饿了就在不远处的大树下野餐。时光宁静而悠长，让人仿佛回到了百年前。

小贴士

如何抵达：从河滨公园乘船到对岸，之后沿指示牌前往即可。

开放时间：9:00—16:30。

第五章

包容开放，宗教建筑大观园

　　在这里欣赏宗教建筑再好不过。

　　因为在同一条街道上，你既能发现气势磅礴的清真寺，又能看到色彩绚烂的印度庙，还能听到佛教寺庙的阵阵梵音。

　　或许，在吉隆坡人心中，既供奉自己的神灵，又尊重他人的信仰，是再正常不过的事情了。

马来西亚最大的清真寺
——国家清真寺

这是马来西亚最大的清真寺，基本上，马来西亚伊斯兰教重大的宗教礼仪都在此举行。

从外形上来看，这座清真寺十分对得起它所拥有的名号。高约 73 米的宣礼塔，如同笔直的士兵，守护在祈祷大厅旁边。而与酷似火箭的宣礼塔不同，拥有圆拱屋顶的祈祷大厅圆润柔和，与宣礼塔交相辉映，形成了一种独特的美感。

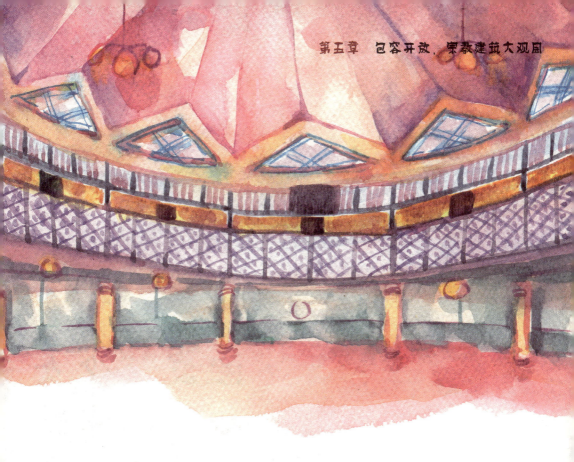

即使没有宗教信仰，国家清真寺也是一个值得游览的景点。因为它不仅仅是一个装饰华丽、气势恢宏的建筑，还是一个避暑胜地。

国家清真寺内没有空调，但是比室外凉快很多。即使游客身穿清真寺提供的纯色长袍，也不会感到炎热。尤其是游客走在进入祈祷大厅的宽阔走廊上时，地板中的凉气会通过脚底板直入肺腑，这股凉气像是人们盼了许久的援兵一样，将暑气打得溃不成军。

祈祷大厅宽阔而高大，可以容纳近8000人祈祷。不过，国家清真寺有规定，此处非穆斯林教徒不得入内，游客只能站在祈祷大厅外面拍个照。

不过你也不要因此失望，在祈祷大厅外面自在地散散步也很好。走廊旁边有一处喷水池，在池水的滋润下，不远处的红花绿树生机勃勃，而游客们最喜欢在此拍照。

或许在进门时，有人还为此处不许穿短衣短裤而生气，也不愿意穿上国家清真寺提供的长袍。不过此时，他们会认真地整理长袍，站在喷水池前装成做冥想状，一边闭眼，一边对同伴说："快，把我的模样抓拍下来！"

激发"少女心"的布特拉清真寺

布特拉清真寺是一个能激发人们"少女心"的地方。

布特拉清真寺又称玫瑰清真寺、粉红清真寺。这座清真寺是用玫瑰红大理石建造的，毫不夸张地说，它从里到外都是粉红色的。

这里自然是女孩们最喜欢的地方。还没有进去参观，她们就将相机的电量用得差不多了。无论是白色上衣，还是花色长裙，都与这座建筑十分协调。女孩们不用费心摆姿势，只需露出笑容，就是最美的风景。

那些只为相机留一格电的女孩，在进去参观后，可能会后悔不已。因为寺中比寺外更美。走廊宽阔而美丽，石柱上尽是具有异域风情的花纹。阳光透过七彩玻璃洒在走廊上，远远望去，走廊竟变成了彩虹。

人们在这座清真寺中走走停停，宛如穿梭在梦幻的童话世界。那些严肃的男子也被这里的气氛感染了，正摆出可爱的造型拍照呢。

"邻家女孩"
——联邦直辖区清真寺

这座清真寺是以土耳其的著名清真寺——蓝色清真寺为蓝本建造的，虽然它们美丽的蓝色圆顶看上去那么相似，但实际上它们有很多不同之处。

毫无疑问，蓝色清真寺的气势更足，那高约43米的中央大圆拱顶让游客轻而易举地感受到这座清真寺的庄严和肃穆。

相比而言，吉隆坡的联邦直辖区清真寺则更为精致小巧。若是将它们比作人的话，蓝色清真寺应该是美丽动人却可望而不可即的公主，联邦直辖区清真寺则是巧笑倩兮的邻家女孩。

不过"邻家女孩"也有独属于自己的美。夕阳西下之时，这座清真寺变得沉静而温柔。两座宣礼塔直入天际，像是要抚摸天上的晚霞。云朵从远处飘来，静静地停留在这座清真寺头顶上，像是和游人一样，被这里的景色打动，不愿意离开。

闹中取静的嘉美克回教堂

独立广场不远处，那座被棕榈树围绕的红砖建筑物就是嘉美克回教堂。它建于 1909 年，是吉隆坡最古老的回教堂，以优雅的拱门穹顶见称，体现出摩尔式建筑的风格。

嘉美克回教堂位于闹市中心，附近都是钢筋水泥建造的大厦。马路上车辆川流不息，不远处的独立广场上游人如织。在重大节庆时，它附近的街道会挤满欢庆的人们，跳舞的人群狂欢到深夜才会散去。与这些繁华热闹的场面一比，嘉美克回教堂的确有些寂寞。

虽然它的地理位置不错，但游人不多。因为在独立广场附近的建筑群中，它有些不起眼。它既没有苏丹亚都沙末大厦的雄伟和神秘，也没有双子塔的创意和激情，它像一个温柔的中年妇女，那让人惊艳不已的美貌已经随岁月消失。

然而，它虽没有其他建筑物那种让人过目不忘的魅力，却也不会让人觉得寡淡。随风摇曳的棕榈树，为这座回教堂增添了一丝热带风情。巨大的圆顶拱柱又让它显得宏伟。若是忽略周围的建筑物，还会让人以为这是某个阿拉伯王子的居所呢。

天气虽然炎热，但是人们可以在此尽情享受清凉。这里的绿化做得非常好，绿树红花随处可见。站在走廊中向外望去则是满目清凉。间或有几只鸟儿来此歌唱，为此处增添了一丝生机。

这座回教堂对游人十分友好，游人可以进去参观，也可以拍照。门口的指示牌上写了每天开放的时间，在规定的时间内，可以一直坐在里面发呆，不会有人来打扰你。不过最好不要选择星期五去参观，因为那是信徒的朝拜日，禁止游人入内。

来锡克庙参加一场被祝福的婚礼

游 览完茨厂街，沿着主路漫步，就会看见一栋白色的高楼，那就是锡克庙。这座白色的庙宇掩映在绿树中，颇为秀丽，金色的圆顶在阳光的照射下熠熠生辉，让它多了一份庄严感。让人奇怪的是，这里虽然是一座庙宇，但是丝毫不见香火。不过，这正是锡克教的特点之一。

马来西亚对宗教的包容度让人惊叹，若是再往前走走，还会看到印度教神庙、关帝庙等。而当地人并不觉得奇怪，也许在他们看来，既尊重自己的神灵，又尊重他人的信仰，是一件再正常不过的事情。

因此，当锡克教徒在此举办婚礼时，那些穆斯林、印度教徒、基督教徒、佛教徒，都会为新人送上最真挚的祝福。

神秘又充满异域风情的
黑风洞

黑风洞，这个名称就能引得无数《西游记》迷前去参观。
不过，神话和现实还是有差距的。这里不仅没有足智多谋的齐天大圣，连守山大神黑
熊怪也不见踪影。这是马来西亚印度教的圣地，每逢大宝森节时，人们会在这座天然形成的
钟乳石洞中大肆庆祝。那时，成千上万的信徒和游人都会来到此处。

黑风洞距吉隆坡中心约10千米，交通便利，若从双子塔乘车前往，只需半个多小时就能
抵达这个印度教圣地。

这是一段奇特的旅程。从双子塔出发，那高耸入云的建筑物让人印象深刻，整齐的车流、闪烁的灯光，向人们展示这座城市的繁华。

而不过短短半个多小时，高楼大厦就从人们眼前消失不见。取而代之的是陡峭的阶梯和穿着传统长袍的印度人。这是一个充满异域风情又颇为神秘的世界，若是在车上不小心睡着了，游客可能会以为自己不小心穿越了呢。

下车后，一座金黄色的印度教女神像笑着迎接人。而那些穿着长袍的印度人，正在此烧香朝拜。穿过广场，映入眼帘的是百级台阶，台阶的尽头就是栖息着鸽子和蝙蝠的黑风洞。

这些台阶虽然陡峭，但并不难攀爬。只不过游客要尊重印度教的礼仪，在台阶下脱下鞋袜，然后赤脚踏上台阶。

黑风洞非常之大，洞穴主庙天花板的高度超过了 100 米。信众抬头仰望自己的神灵，然后低头闭眼，嘴中念念有词。整齐的念诵声，让这座天然洞穴显得庄严肃穆。

当然，若是有条件的话，最好选择在大宝森节来到这里。那时不必进入黑风洞，只需看超过 10 万信徒一起攀登百级阶梯，感受其中的壮观足矣。

寻找马里安曼印度庙雕像中的故事

马里安曼印度庙很好找，它就在关帝庙不远处。即使人们并不是特意为它而来，但在茨厂街附近漫步时，总会不自觉地被这座庙宇所吸引。

这座庙宇与吉隆坡的其他庙宇很不一样，它的外观就像一座阶梯式塔，塔上满是色彩绚丽的人物雕像，惟妙惟肖，颇为壮观。

庙前有很多贩卖花环的小贩，在家长和小贩讨价还价之时，孩子会看着塔上的雕像发呆。的确，还有什么比这栩栩如生的雕像更能激发孩子的想象力呢？

孩子盯着塔上的蓝皮肤、四只手的男子雕像看，内心迷惑不已。为什么他的皮肤是蓝色的？是天生如此吗？拥有四只手的感受如何？生活会更加便利还是更加麻烦？孩子有太多的疑问需要解决。

　　旁边袒露着上半身的雕像温柔地看着孩子，似乎在说："别担心，问问你的父母，或者自己查一查资料。我们并不神秘，若是你读过印度教的神话，你就会认识我了。"不过孩子并没有收到雕像给自己传递的信息，因为他的注意力全都放在那只踩着球的狮子雕像上了。

　　这座印度庙的外观已经让人浮想联翩，而庙中的装饰似乎要将人们引入一个朦胧的童话世界。庙中到处都是繁丽的雕刻、塑金和手绘图案，那些来自意大利或者西班牙的瓷砖被整齐地铺在地上，让这座庙宇显得梦幻而富丽堂皇。

　　更有趣的是，庙中还存放着一架大型马车，当印度教举行重大庆典时，这架马车就会化身为南瓜马车，承担起游行的重任。

处变不惊的传奇
——山姆汉口通寺

远远望去，山姆汉口通寺显得那么的不真实。

毫无疑问，这是一座美丽的寺庙。即使只看过它一眼，也会对它屋顶上的二龙戏珠印象深刻。

但是当人们看到它的第一眼时，第一感觉不是美丽，而是突兀。并不是这座寺庙的建筑太独特，而是它与周围的环境格格不入。

它地处十五碑单轨铁路总站附近，周围到处都是高楼大厦。它的"邻居"们都想刷新这座城市的天际线，只有它如同经历无数风雨的老者，悠然自得地保持自己的那份宁静和平和。

它是不会妥协的，即使周围已经变得五光十色。传说在古时，有条龙从这座寺庙中飞出。如今传说已经无法考证，而那条龙也已经和这座寺庙一起成了都市中的传奇。

蕴藏在仙四师爷庙中的华人精神

在吉隆坡，要找华人存在的痕迹是一件相当容易的事情。站在街头远远望去，那些正红色的建筑一般就是华人聚会的场所。

因此，当走在繁荣的敦李孝式路上，远远看到一个红色的牌匾时，人们便能知道，那里一定有华人。走近后，牌匾上的内容证实了猜测——一条祥龙盘旋其上，祥龙的爪子下有五个汉字：仙四师爷庙。

再往里走，红色的巨大石柱、挂在屋顶上的灯笼、颇有气势的石狮，都会让人觉得：这里一定有华人。

然而，它不仅仅是华人的聚集地，它还是当地华人的庇护所。百余年来，这座仙四师爷庙一直奉行"忠孝仁义"，将收到的捐款和产业盈利都用于公益事业，扶老济贫，育英培才。因此，若是不记得仙四师爷庙的名称，就向人打听"仁义庙"吧，那是当地人为它取的别称。

实际上，它供奉的神灵就与"忠孝仁义"有关。仙四师爷指的是两个人：四爷盛明利及四师爷钟炳（钟来）。

19世纪中叶，吉隆坡爆发了一场战乱。当时的华人领袖盛明利率兵平息了叛乱，用了四年的时间使吉隆坡恢复了平静。不幸的是，盛明利在一次战役中牺牲，因为盛明利为当地的和平作出了巨大的贡献，且待人亲切，慈悲为怀，所以在他死后，人们相信他已经成仙，便尊他为正神，建庙祭祀。

而四师爷钟炳则是盛明利的部下，在保卫战期间，他为盛明利出谋划策，指点迷津。胜利后，这位师爷因积劳成疾而去世。为答谢四师爷，后人将其与仙四爷一并供奉在庙宇中，并给这个庙宇取名：仙四师爷庙。

或许，对当地华人来说，这个庙宇不仅仅是祭祀神灵的地方，它还是华人奋斗的里程碑，蕴含了当地华人的精神。

香火缭绕的吉隆坡关帝庙

茨厂街附近那座红墙绿瓦的庙宇便是关帝庙。它建于 1888 年，供奉着战神关羽，是早期华人移民修建的。庙里的天花板上挂着长长的粉色香，还有挂着的红灯笼，参观的时候在里面不能穿鞋。

做生意，一定要拜关公。在很多华人眼中这是惯例。因此，看到关帝庙中香火鼎盛的情景，也就不会觉得奇怪了。

在不少人心中，关公是神通广大、有求必应的神仙。若是在生意、生活上遇到了困难，便可以去求关公为自己指点迷津。看到信众虔诚的模样，那些没有信仰的游客，也会请上一炷香，将自己的心愿告诉关公。

不过，对游客来说，相比有求必应的关公，最吸引他们的还是关帝庙的建筑。在关帝庙正红色的外墙上，竟有一个绿色的格子窗。这属于中国园林的美景竟出现在关帝庙中，真叫人移不开脚步。

窗外，打扮时髦的吉隆坡人来来往往。窗内，香火温柔地拂过信众的袖口。

感受故土的温度
——乐圣岭天后宫

或许对从小生活在海边的人来说，在异国看到天后宫，是最能感受到故土温度的事情。位于吉隆坡乐圣岭的天后宫，虽然建成的时间不长——只有20余年，但如今已是吉隆坡当地标志性的华人庙宇。

天后宫有些偏僻，附近没有公交站点，也不容易打到车，但是这丝毫不影响人们的热情，人们会租车前往，回程的时候还会捎带上打不到车的信众。一来二去，就又多了几个朋友。

其实，在来到这里时，就会理解为什么华人如此喜欢这个地方。因为单看这里的建筑，华人就可以回忆起在故乡生活的日子。天后宫的建筑风格与中国的寺庙很像，红色的柱子、白色的围栏、烫金的汉字、精巧的龙凤雕塑，都让人产生置身国内的错觉。

更别说这里还供奉着妈祖。有人说，有华人在的地方就有妈祖庙在，这句话十分有道理。对有些人来说，妈祖就是他们的精神寄托。当他们坐船驶向异国他乡，在海上遇到大风浪时，他们会默默祈祷："妈祖，请保佑我。"

而当他们顺利抵达目的地，并且在异国扎下根来的时候，他们会从心底里感谢妈祖。其实，他们感谢的，除了妈祖，还有远在故乡的亲人。而人们如此依恋妈祖庙，不仅仅源自对妈祖的信仰，还有对同胞的依恋。

因此，当游客在此看到"婚姻注册局"的时候，也不会觉得奇怪了。远在异乡的游子，选择在妈祖庙交换戒指、立下誓约，只是为了获得来自故乡的祝福。

大厦的"恋人"
——吉隆坡玫瑰堂

和旁边的大厦相比，这座洁白的天主堂有点像模型。

这是一个建于 20 世纪初的天主教堂，具有明显的哥特式建筑风格，白色的外墙和不远处绿色的草坪互相映衬，给人一种宁静安详的感觉。

若是放在郊外，它应该是一个世外桃源般的存在。不过在此时，它却有些像孩子的玩具——虽然精美却不真实。

因为它与旁边的那座高楼离得太近了。想来，旁边那座高楼的建造者一定没有考虑过所谓的安全距离。远远望去，这座教堂与高楼宛如一对身高不相符的情侣，它们手挽着手，站在人们面前。那些生活在一到三楼的住户，一定早已放弃拥有开阔的视野，因为他们的窗外，只有玫瑰堂的白色外墙。

这大概是发展中的城市必须要面对的问题：古老和现代应该如何共存？不知道，当大厦中的居民看到这座洁白漂亮的天主教堂时，他们感受到的是甜蜜还是负担？

听圣玛丽大教堂的管风琴声

圣玛丽大教堂位于独立广场北端，精致小巧，看上去不像是充满宗教气氛的教堂，更像是一个欧陆风格的度假屋。

枣红色的屋顶冲淡了白色外墙带来的距离感，教堂门前的草地郁郁葱葱，间或有几只鸽子在上面跳舞，让这座教堂显得生机勃勃。

虽然相较于其他的大教堂，圣玛丽教堂显得过于朴素了——这里既没有精美的壁画，也没有梦幻的彩色玻璃，甚至连圆柱也没有。但是这里安静沉稳的气氛、安心祷告的信众和透过窗户射进来的梦幻般的光，都让人不自觉地将脚步放轻、放慢，急躁的心也渐渐平静。

　　在这里看书也很不错。因为此处虽然位于独立广场，可是游人却不多——可能是因为它长得太像民居的缘故，所以当你坐在这里看书、休息的时候，没有人会来打搅你。有时会有一只野猫从你身边路过，可它并不会理睬你，因为它忙着找角落睡觉呢。

　　这里的时光似乎过得特别快，本想在这里坐一坐、休息一会，只是不小心打了个盹儿，没想到醒来后，已是夕阳西下之时了。

　　这时，便是圣玛丽大教堂最美丽的时刻。晚霞为这座教堂披上了一层绛红色的外衣，一切都变得朦胧而梦幻。走出教堂，可以看到在草坪上玩乐的鸽子。晚风吹来，远处的棕榈树摇动着它的枝叶，像在为游人演奏。

　　似是想留住游人的脚步，教堂中传出了管风琴声，这神秘悠远的管风琴声随着晚风越飘越远。至此，人们再也无法忘记圣玛丽大教堂了。

第六章

不一样的景致，文化和习俗

如何与吉隆坡人做朋友？你需要了解他们的文化和风俗。

其实，吉隆坡人很好懂。只要你能了解头衔对他们的意义，明白上布摇篮仪式在他们心中的地位，学习那些常常被人忽视的文化习俗，你就会发现，生活在这座城市的人，是如此朴素、和善。

如何恰如其分地称呼马来西亚人

若是去马来西亚朋友家做客，你可能会以为热情招待自己的长辈，并不是朋友的亲属，因为他们的姓氏都不一样。

实际上，与中国不同，马来西亚人没有固定的姓氏，一家几代人姓氏都不同的场景很常见。不过，这并不是他们不重视家族血脉的表现，其实他们的姓名有独特的意义。

在马来西亚，儿子以父亲的名字为姓，而父亲的姓则是祖父的名。因而虽然几代人的姓氏都不一样，但是你中有我、我中有你，联系十分紧密。

　　有趣的是，即使父母给自家女儿取了一个男性化的名字，但是人们依旧不会被她的名字欺骗。因为马来西亚人将自己的姓与名用一个或两个字隔开，男生用"宾"字隔开，而女生则用"宾蒂"隔开。在称呼姓名时，名在前，姓在后。

　　毫不夸张地说，从马来西亚人的名字，人们就可以得到不少关于这个人的信息。以马来西亚前总统达图·侯赛因·宾·奥恩为例，一看到他的名字，人们便知道，他父亲的名字是"奥恩"（即他本人的姓），而他儿子的姓则为"侯赛因"（他本人的名字）。当然，从"宾"字中，人们知道他是男性。

　　不过，对马来西亚人而言，相比于姓氏，头衔更加重要。在马来西亚，几乎人人都有头衔，头衔的意义也很特殊。名字前若有"东古"二字，则代表此人出身王族，如马来西亚首任总理东古·拉赫曼。州长的儿子也可受封"东古"，州长的女儿则可受封"坦古"，其意义等同于王子和公主。

如果名字中有"尼克""米盖特"，则代表这个人拥有王氏母系血统。若是穆罕默德的后人，则可独享"赛义德""萨里法"等头衔。去麦加朝觐过的伊斯兰教徒，男性可以得到"哈吉"的头衔，女性则可以得到"哈贾"的头衔。

除此之外，国家最高元首、各州的州长也可以为对社会有贡献的人颁发头衔，如"达士克""敦"等，而受封人的妻子也可以得到"多普安"的头衔。

虽然马来西亚的头衔不像欧洲那样珍贵而罕见，但是马来西亚人依旧十分重视自己的头衔。因为在他们看来，这是身份的象征。

要是你想和马来西亚人做朋友的话，可一定不能弄错他的头衔。记错姓氏还能被原谅，但记错头衔，就真的会影响你们之间的友谊。

热闹而庄严的马来西亚婚礼

如果有幸参加一场马来西亚婚礼，人们可能会发出这样的感叹：应该怎么形容马来西亚婚礼？是庄严，还是热闹？

的确，虽然每个国家的婚礼都有固定的流程，而且有些地区的婚礼还颇有特色，但是没有哪个国家的婚礼会像马来西亚婚礼这样"百变"。

参加订婚礼时，人们能感受到马来西亚人的严谨。当婚礼日期、聘礼等都确定下来后，男方开始送订婚礼物。订婚礼物并不特殊，与大多数国家一样，男方以聘金、婚礼费用、钻石戒指，以及一些特产和点心作为礼物。

只不过每一样礼物都会配一个男青年，他们手捧礼物，一脸严肃。女方接受礼物后，会把这些礼物放在"并坐台"前，宗教法官会来此查点。随后，女方派遣的两位证人则会将这些礼物放进里屋。

随后，就是在这场订婚礼中难得的浪漫时刻。宗教法官会登记新郎的名字，抓住新郎的右手说："我宣布你与这位女士结成夫妻……"之后，宗教法官会用力地摇晃新郎的手，此时，新郎必须大声地回答："我愿意与某某女士结成夫妻……"

这有点像西方婚礼，新人在神父面前念诵誓言。虽然此时新娘没有穿婚纱，这也只是订婚礼，但是两位新人的心情，应该与西方婚礼中新人的心情没有什么区别。

事实上，马来西亚人的婚礼可没有西式婚礼那么简单。一般来说，马来西亚婚礼要分为三个阶段：饰发、染手掌和"并坐礼"。

婚礼前三天，新人要开始饰发和染手掌。饰发，顾名思义，就是整理眉毛和额发。一般来说，新人会请专业的饰发师到家里饰发。不过随着时代的发展，越来越多的年轻人选择去美容院。在他们看来，整齐还是其次，时尚才是最重要。

相比饰发，染手掌则有趣得多。染手掌的仪式一般在晚上举行，新人必须去"并坐台"上完成这个仪式。不过不用害怕，这不是一种邪恶的仪式。

这种仪式做起来相当简单，新人的亲友先后将姜黄米、米花、山姜叶汁撒到新人的肩头、手掌上，最后将指甲油涂在新人的手掌上。虽然涂满指甲油的新郎有点奇怪，但他也不会偷偷擦掉。因为他明白，这些艳丽的指甲油中饱含了亲人对他的祝福。

"并坐礼"就是婚礼。清晨，新郎就起床了——或许他整夜都没睡，他穿上马来西亚的传统礼服，带着伴郎跟在娶亲队后面。

娶亲队阵容庞大，有一大群鼓手、两名手持烛台的人和一名捧着槟榔盒的人。鼓手们弹奏起马来西亚的传统曲子，迎亲场面变得热闹非凡。顽皮的孩子会跟在娶亲队伍后面，当然，对他们来说，看热闹还是其次，讨要糖果是最重要的。

抵达新娘家后，娶亲队伍就变得规矩多了，他们开始念诵《古兰经》，这场婚礼开始变得庄严而神圣。新娘的母亲会取一点姜黄饭，借新娘之手喂新郎，再借新郎之手喂新娘。此时，新人是严肃而认真的。即使他们的肚子被香味引诱，发出阵阵抗议，他们的脸上也不会出现任何表情，因为在他们看来，这个仪式可以为他们带来幸福。

之后，便是大多数人最期待的环节：吃喜宴。若是你被喜宴上精致的菜肴吸引，也不用忙着咽口水，马来西亚人十分热情，即使是看热闹的路人，都会受到主人热情的款待。送上祝福后，你不仅可以坐下来吃喜宴，还可以在婚礼过后，得到一个红鸡蛋和一枚漂亮的纸花。

为新生命祈福的上布摇篮仪式

有什么事情比新生命的降生更叫人激动？

马来西亚人十分重视为新生儿积福。在怀孕的时候，母亲就十分注意自己的言行，她们不会轻易打骂人，也不会对牲畜展现自己残忍的一面。

不知是为腹中的孩子考虑，还是母亲这个身份让她们的心变得柔软，她们真的开始喜欢上了身边的一切。那无意间落在她们衣袖上的小昆虫，也无须担心自己的命运，这位新晋母亲只会温柔地摆摆手，将它们赶走。父亲也会为孩子积福。在孩子出生后，他们不能理发、屠宰牲畜、伤害动物，也不能坐门槛。

不过，在大多数马来西亚父母看来，为孩子积福的最好方式，就是为他举行"上布摇篮"仪式。

这种仪式一般在婴儿百天前举行，那时，父母会邀请亲朋好友来家中欢聚，既加强了彼此的联系，又可以为新生儿祈福。

　　这种仪式准备起来很简单，父母只需准备一个精美的布摇篮，将布摇篮用粗绳悬挂在房间正中间，再用精美的花鸟剪纸和彩纸装饰绳索，便有了举行上布摇篮仪式的场所。

　　场所有了，由谁主持呢？当然不需要专门找一个主持人，父母会请当地德高望重的长辈来主持。在举行上布摇篮仪式时，那些平时走路颤颤巍巍的白发老人，好似从新生儿那汲取了活力，他们将背挺得笔直，声音洪亮，好像想成为婴儿的榜样。

　　上布摇篮仪式是否真的可以为新生儿祈福？若你参加过这样的仪式，便能感受到它的力量。在仪式开始之前，父母会在房间中洒上香水。当香气弥漫整个房间的时候，仪式便开始了。

　　主持人走上前，对着婴儿说出自己的祝福，并祈求神灵能够保佑这个孩子。随后，母亲将孩子抱到布摇篮中。离开了母亲的怀抱，孩子显得有些紧张，他挥舞着自己的小手，看见母亲并没有过来安慰自己，就大哭了起来。

不过，正当他哭得起劲的时候，一阵美妙的旋律破坏了他的节奏。这段音乐如此轻柔，像母亲的双手一样抚慰着他，细细分辨，他还能在其中找到母亲的声音呢。于是，他降低了自己的音量，最后竟沉沉睡去。

众人见哼唱的"法蒂玛"催眠曲颇有成效，都很高兴，又集体唱了一支名为"玛尔哈班"的祝福曲。曲毕，母亲小心翼翼地抱起孩子，主持人走上来，为孩子剪下一缕头发，放进一个新鲜椰子中，祈愿孩子像椰子树一样茁壮成长。母亲再次把孩子放进布摇篮中，仪式便结束了。

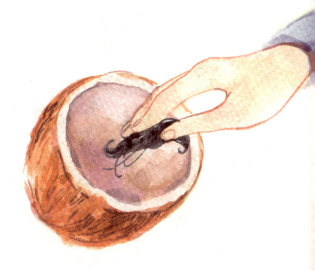

随后，人们一边吃着美味佳肴，一边向孩子的父母道贺，每个人脸上都是喜气洋洋的。摇篮中的孩子睡得很沉，根本不记得数自己获得了多少份祝福。

以光明战胜黑暗的节日——屠妖节

你感受过马来西亚屠妖节的气氛吗？别害怕，屠妖节中没有妖怪，气氛也不低沉。相反，如果在屠妖节时来到马来西亚，你会发现街上每个人都是喜气洋洋的，家家户户灯火通明。因为屠妖节是"以光明战胜黑暗，以善良战胜邪恶"的节日。

关于这个节日的由来，马来西亚民间有很多种说法，不过最为普遍的说法是，这个节日是为了庆祝魔王那拉卡苏拉被神主克利斯惩杀而设立的。

相传，那拉卡苏拉是天神和大地女神唯一的儿子。作为天之骄子，那拉卡苏拉拥有无上的地位和凡人无法超越的力量。最初，人们十分信仰他，奉他为王，将其视作可以带来光明的神。

但是百姓错了，那拉卡苏拉并不属于光明，他是黑暗之子。他滥用自己的权势，不停地修建宫殿，不在意自己的行为给百姓带来了多大的负担。为了满足自己的私欲，他一次又一次给百姓施加压力，强迫他们将财宝拿出来供奉自己。

或许，他也知道自己的行为并不光明，所以他十分畏惧光芒，贪恋黑暗。黑夜降临之时，便是他外出游玩的时候。可是等太阳落山后，家家户户都会点起油灯。怎么办？自私的那拉卡苏拉下令禁止百姓晚上点灯，统治的地区便成了一座实实在在的黑暗之城。

　　虽然百姓们对他无可奈何，但是其他的天神可以制裁他。一位天神向神主克利斯控诉那拉卡苏拉的所作所为，神主便派遣众神下界惩杀他。在激烈的战争中，女神莎雅巴玛杀死了那拉卡苏拉。听到这个消息，百姓欢欣鼓舞，燃起自家所有的油灯，让城市变成一个"光明之城"。后来，人们便将这个重见光明的时刻定为屠妖节。

　　在屠妖节这天，人们早早就起床了，他们焚香沐浴，换上传统服饰，去街道上狂欢。虽然这是一个古老的节日，但年轻人会用自己的方式庆祝它。他们聚集在独立广场上，唱起为这个节日创作的曲子，歌词中还有不少"新词汇"呢。

　　有的人则在脸上涂满油彩，将女神莎雅巴玛惩杀那拉卡苏拉的故事演出来。虽然故事中的那拉卡苏拉让人厌恶，但是饰演那拉卡苏拉的演员却是实实在在的明星。孩子都不惧怕他狰狞的面孔，闹着要和他合影呢。

　　不过，最吸引游客的还是一种叫 Kolam 的米绘地画。马来西亚人用染上色彩的米粒，拼成色彩绚丽的画。远远望去，这些米绘地画像是一朵朵盛开在地面的花朵，让这座城市变得绚丽多彩又生机勃勃。

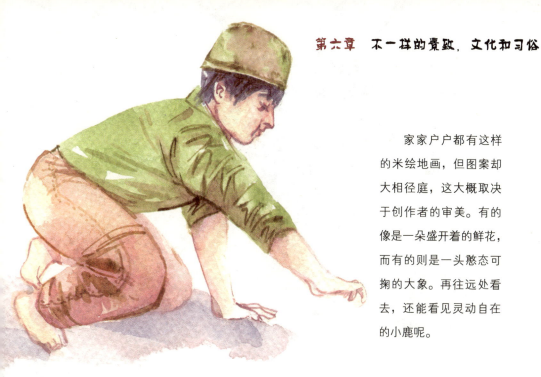

家家户户都有这样的米绘地画，但图案却大相径庭，这大概取决于创作者的审美。有的像是一朵盛开着的鲜花，而有的则是一头憨态可掬的大象。再往远处看去，还能看见灵动自在的小鹿呢。

到底哪家的米绘地画比较美？孩子并不在意谁是优胜者，他们正忙着做游戏。孩子在米绘地画旁跳来跳去，这大概是另一种类型的"跳房子"游戏。他们的动作灵敏，很少会碰到家长的大作。不过也有失误的人，那些抽象到让人认不出来是什么的图案，大概就是孩子们的作品。

见证马来西亚人悲欢的铜锣

大概没有哪个国家的人像马来西亚人这样喜欢铜锣。

在马来西亚家庭做客，当主人一脸神秘地说要介绍自家珍宝，并从床下拖出一个箱子时，你也无须太过紧张，因为这个珍宝你或许曾经看见过，也许你还曾嫌弃它的声音不够悦耳。是的，这个珍宝就是铜锣。

其实，马来西亚人将铜锣视为珍宝是有原因的。在马来西亚，几乎家家户户都用铜锣，有些铜锣甚至是数百年前祖辈传下来的。虽然算不上是古董，但它却见证了家族的发展，聆听了无数长辈的心愿，如何不算珍宝？

在马来西亚人一生的重大事件中，我们总能看见铜锣的身影。家长为孩子摆满月酒的时候，铜锣是最认真的演奏者。襁褓中的婴儿听不惯铜锣声，张嘴大哭起来。母亲只得抱起他，温柔地抚慰他，却不愿意让外面的铜锣声停下来。因为她知道，这些声音是对孩子的祝福。

　　慢慢地，孩子长大了，遇到了自己的恋人。这时，铜锣又上场了。向女方赠送的聘礼中，铜锣是必不可少的。

　　在婚礼中，铜锣也是绝对的"主唱"。新娘一跨进新郎家门，铜锣组成的乐队便默契地歌唱起来。它们的声音时缓时急，时快时慢，新郎家立刻变得热闹起来。在锣声中，人们寻找到了自己的舞伴，随着节奏起舞。每个人都是喜气洋洋的，新娘不安的心也被锣声抚平了。

　　然后，他们看着孩子出生、长大、成家立业，看着自己由青发变成白丝。终于，他们走到了生命的终点，此时，铜锣自然是要来送自己的老朋友的。

　　等遗体凉下来之后，亲人们便会鸣锣，两快一慢的锣点，就是在告诉邻居：我们家有亲人去世了。锣声听上去十分悲凉，让人忍不住落下泪来。或许，这是铜锣为自己的老朋友唱的葬歌吧。

源自大自然的武术：马来武术

当没有关于武术知识的书籍时，人类应该怎么办？那就从实践中总结经验，从大自然中学习吧。于是，人们跟着猴子、老虎、老鹰等动物学习，模仿它们的动作。时间一长，这些动作竟变成了一种武术，即马来武术。

最初，马来武术是马来人用以自卫的手段。当时的人们练习这种武术，只是想增强自己的力量。而这种注重动作连贯性和精准性的武术，也曾是古代马来士兵必须要学习的本领。

后来，马来武术渐渐变成了一种舞蹈。人们被这种武术带来的力与美迷住了，在结婚典礼或者重大的庆典中，总会有马来武术表演者的身影。

如今，这种武术已经变成当地人的一种生活方式。在公园中，常常能看到练习这种武术的老者。虽然相比专业的马来武术运动员，这些老人的动作略显生疏，不过他们的精神头儿可不输给任何人。

与马来西亚人有不解之缘的槟榔

当马来西亚人还在母亲肚子里的时候，他们就与槟榔结缘了。

古时，马来西亚的妇女在怀孕七月时，就会送槟榔叶给接生婆，这是给接生婆的"定金"。这是因为槟榔本就有吉祥的寓意，而且在古代，贫困人家买不起贵重的礼品，槟榔便成了最理想的礼物。

可见，马来西亚人如此喜爱槟榔也很正常，谁叫在"诞生保卫战"中，槟榔立下了不小的功劳呢？

在马来西亚婚礼中，槟榔也起到了重要的作用。正式婚礼之前，马来西亚人会举行一个求婚仪式。而在这个求婚仪式上，槟榔几乎主宰了新郎的命运。

准新郎会先用槟榔叶扎成一个彩环，然后带着亲人和朋友组成的求婚队伍去女方家。若女方同意男方的求婚，就会收下这个彩环。若女方将彩环推倒，则表示对男方不满意。

　　看上去，槟榔叶彩环的精美程度几乎主宰了男方的喜悲。不过，男方却一副成竹在胸的模样，好像槟榔叶彩环会讨得女方欢心。当然，并不是男方对自己的手艺十分自信，而是因为这已经是他第二次求婚了。

　　婚礼当天，槟榔依旧扮演着重要的角色。那天，新人的亲属会将装着槟榔叶的盆子放在新人面前，寓意这对新人能够白头偕老、永结同心。之后，长辈又会给新人一片新鲜的槟榔叶，让他们放在嘴里咀嚼，据说这样可以将嫉妒他们的小人赶走。

　　新人们嚼着槟榔叶，脸上都泛起了红晕。不知道，这是槟榔叶的功劳，还是幸福太醉人？

那些常常被人忽视的文化习俗

马来西亚人是友善的，大概每一个去过吉隆坡旅游的人都会有这样的感触。

在吉隆坡，人们不需要担心找不到路，因为即使英语不够流利，当地人也会耐心地为你解答疑惑。

当然，要与吉隆坡人交朋友也很容易。寻找一个热闹的夜市，点一份炒粿条后坐下来，看当地人在一旁闲聊，或者与他们一起举杯。当炒粿条被吃完后，你也收获了一个新朋友。

然而，虽然马来西亚人很友善，但也有自己的文化和习俗。若是你不尊重他们的习俗，马来西亚人就会从温顺的绵羊变成凶猛的狮子。那时，别说与他们继续做朋友了，你可能还会遭到他们的白眼和责骂。

与马来西亚人交往时需要注意什么？首先要注意你的左手。在马来西亚人看来，左手是肮脏的。如果你用左手和他们接触，就是对他们不敬，甚至有故意侮辱他们之嫌。

因此，在和马来西亚人握手或打招呼时，请将自己的左手藏好。为了维持与他们的友谊，在马来西亚期间，你只能做一阵子的"杨过"了。

马来西亚人的见面礼也很讲究。与熟人见面时，他们会互相摩擦一下对方的手心，然后双手合十，触碰一下对方的心窝。这个见面礼看似有点奇怪，而在马来西亚人看来，所有的情义尽在这几个简单的动作中。

此外，你可不要用摸头来表示对他们的喜爱。在马来西亚人看来，这是一种侵犯和侮辱。或许你只想表示"你太可爱了"，但这个小动作，却足以让你由朋友变成敌人。

与他们聊天的时候，也要注意控制自己的情绪，不可大力地拍打他们的背面，表示自己已经将他们当做"哥们"或"姐们"了。也许你只是想表达自己的善意，但是对马来西亚人而言，这个动作会给他们带来厄运。那时，你或许会从一个"友善的外国人"变成一个"恶毒的巫师"。

若你在出门前做足了功课，避开了这些禁忌，顺利地与马来西亚人成了朋友，并且被邀请去他们家做客，你也不要因而放松，因为考验才刚刚开始。

首先是如何送礼。马来
西亚人不强求客人送礼，但
你也不可空着手去。若是能
买上一些日常食品，如椰子、
槟榔之类，主人就会十分高
兴，因为这些简单的礼物表
明了你对他们的情意。

他们对客人没什么要求，对自己的要求却很高。客人来之前，他们就会忙开了，各式各样特色食物在厨房中散发着香味。当你来到他们家时，糕点、咖啡等小食早已梳洗打扮好，端坐于客厅，欢迎你的到来。这时，可不是你展示文静和谦虚一面的时候。若你一口也不吃，主人会认为你对他不尊敬。

马来西亚人对吃也很讲究。他们十分讲究卫生，吃饭前洗手自是不必说的，而在各种菜肴之间，还放着专供洗手的清水。在伸手拿食物前，一定要将手放在清水中浸湿，以示对主人的尊重。

马来西亚人的习俗还有很多，且多为细节。要是不清楚也没关系，只需细心观察主人的举动，照着做即可。不过，也不要太过忧心，马来西亚人大多不会对你太过苛责。若你是无心之失，他们不仅不会生气，还会笑着为你示范正确的礼仪。

第七章

马来西亚特产，
与异国风物结缘

来吉隆坡旅游的人，似乎总要为带什么特产回去发愁。

的确，绚丽多彩的蜡染布叫人移不开眼睛；造型独特的月亮风筝唤醒了人们的童心；精巧的锡制品低调沉稳，物美价廉；更别说这里还有大名鼎鼎的千里追风油、豆蔻膏、东革阿里……

该怎么办？不如先把这个烦恼放下，吃完猫山王榴莲再做决定。

马来西亚的金字招牌
——榴莲

榴莲大概是这个世界上最具有争议的水果之一。喜欢它的人将其奉为无上美味，心甘情愿成为它的"传教士"；讨厌它的人，无法忍受它浓烈的味道，唯恐避之不及。

如此看来，榴莲爱好者应该特别团结。因为他们心中的挚爱——榴莲，面对的质疑太多，他们不得不一一反驳，并且一有机会就向他人表示自己对榴莲的热爱。

实际上，"榴莲粉丝团"也会产生矛盾。如有人只爱吃新鲜的榴莲，认为榴莲制品抹平了榴莲的棱角；有人偏爱刚刚从树上摘下来的榴莲，觉得在超市中躺了几天的榴莲"风尘味"太重。

虽然他们都喜欢榴莲，但是他们也会为榴莲排一个等级，在榴莲爱好者的排行榜中，马来西亚的榴莲一定名列前茅。

马来西亚的榴莲从不会让人失望。一口咬下去，淡淡的甜香立刻在口腔中蔓延开来。不一会，这种甜中带苦的滋味便霸道地占领了人们的味蕾。榴莲肉滑进了胃中，但那种甜蜜的滋味却久久不散。

于是，无数人来到马来西亚，想尝一尝当地的榴莲。只不过，能否吃到这种美味，还要看老天爷是否偏爱你。

马来西亚的榴莲讲究"瓜熟蒂落"，长在树上的榴莲是不能随意摘取的，只能等到熟透了，自己从树上落下来，园主才会将其运到市场上贩卖。

因此，当你来到榴莲园时，也不要认为美食已经入怀了。要是老天爷今天的心情不够好，园主也只能遗憾地对你说："今天没货，明天请早。"

也有不死心的食客，他们执著地对园主说："既然今天没有榴莲落下，那我就夜宿榴莲园，捡第一个落下地的榴莲。"你可不要惊讶，因为在马来西亚，这样的食客可不少。

于是，在榴莲成熟的季节，榴莲园便成了最热门的旅店。月亮高挂之时，附近的民居都熄了灯，连鸟儿都在大树的怀抱中睡去，榴莲园却很热闹，食客翻来覆去睡不着，一心想吃到最新鲜的榴莲，他们在榴莲园中走来走去，像是在举行集会。

他们的心愿实现了吗？没有人知道。不过，在马来西亚榴莲园中，食客被榴莲砸中脑袋的传说倒不少。

榴莲一条街

吉隆坡近郊，一条叫 SS2 的街道是榴莲爱好者的天堂。它是吉隆坡最大的榴莲市场，整条街都开满榴莲摊档，猫山王、XO、红虾等蜚声国际的榴莲品种是这个市场的"主力"。很多摊档都提供自助服务，即点即吃，游客只需用很少的价钱就可以吃到饱。

成为当地人生活
一部分的蜡染布

走在吉隆坡街头，人们或许会被某一个店铺展示的颜色绚丽、图案生动的布料所吸引，那就是马来西亚的手工蜡染布。

　　这种蜡染布在马来西亚人的生活中很常见。马来西亚人家中的桌布，是白底蓝花的蜡染布；随着微风起舞的窗帘，是红白相间的蜡染布。他们手上的袋子，自然也是用这种蜡染布做的，只不过图案变成了蓝色的鸢尾花。而一些身材窈窕的女子身上的筒裙，也是由红蓝交织的蜡染布做的。

　　马来西亚人很早就掌握了这门技艺。在创作于 17 世纪的《马来纪年》中，就有这样一个故事。国王派遣一位巨人去印度购买蜡染布料，不幸的是，巨人遇到了大风浪。船只被风浪掀翻，船员也葬身海底，只有巨人活了下来，流落到一个小岛上。

　　虽然巨人活了下来，但是一想到自己没有完成国王的嘱托，他就觉得自己没脸回家乡。于是，他一边适应小岛上陌生的环境，一边学习蜡染技术。最终，他实现了国王的愿望，并顺利回到了家乡。

　　如今，人们依旧可以在马来西亚看到蜡染工坊的遗迹。虽然这些蜡染布的制作者不是巨人，缺少了一点传奇性，但是人们依然可以感受到古代马来西亚人的智慧。

　　现在来到吉隆坡，人们还可以亲自制作一块属于自己的蜡染布。无须担心自己的画技，因为有人会来指导你。即使老师忙得顾不上你，也不必畏畏缩缩，不敢下手。

神奇的"马来人参"
——东革阿里

作为"马来人参",东革阿里一直都很受游客的欢迎。

人们将东革阿里奉为珍品,大概源于这样一个故事。相传,有一个叫穆罕默德·阿里的长老,在90岁的时候进入原始森林狩猎。追野兽入深林,这位老猎手竟迷路了。他又渴又累,眼看即将支持不住。

这时,他在路边看到一种从未见过的药草,散发着光芒。于是,他吃下了这株药草。没想到,他的体力竟恢复了。靠着这种药草,他顺利地回到了自己的部落。

这时,离他进入森林狩猎已经过去了几个月。人们都以为阿里已经饿死在森林中,见他平安归来,不由得大吃一惊。而更令人们惊奇的是,这位90岁的老人竟然年轻了很多,老年病也离他而去。

阿里将自己的遭遇告诉族人,并带领族人挖掘这种草药。此后,这个部落的人很少生病,且寿命都很长。

这个故事中的草药就是东革阿里。

虽然东革阿里的功效并不如故事中那样神奇,更不是"不老丹",但是它的确可以提升体力,减轻疲劳。来到吉隆坡后,根据自己的需要买上一些也不错。

散发着香气的美人
——豆蔻膏

东南亚蚊子多，总是被蚊虫盯上怎么办？在吉隆坡旅行的时候容易晒伤，如何保护自己娇弱的皮肤？那就买一盒豆蔻膏吧。听到你的困扰，吉隆坡人或许会如此劝告你。

吉隆坡人的建议很实在，这种取豆蔻精华制成的药膏既可以防止蚊虫叮咬，又可以治疗晒伤。在吉隆坡街头的各个药店中，都可以看到它的身影。

然而它的作用还不止于此。在中国，豆蔻可代指十三四岁的少女。而在马来西亚，豆蔻也可成为美人，只不过相比少女的简单直白，它更具诱惑。

　　豆蔻果实干燥后会散发出淡淡的香气，而豆蔻膏气味芬芳。虽然它是马来西亚版的万金油，但它可比普通的万金油要好闻多了。那些爱美的女孩们，在受伤时最喜爱它。这时，豆蔻膏就化身成了一位温柔的大姐姐，细心地抚慰她们沮丧的心。

　　有时候，豆蔻也会变得危险。豆蔻有使人心情愉悦的作用，可以治疗精神失调。好像它微微一笑，便让人忘记了痛苦。失眠的人最喜欢它，因为它的到来，可以让自己忘记白天的烦心事，引得周公拜访自己。但是也不能靠它太近，因为它有让人丧失自我的能力。5克以上的豆蔻，就可能引起人的知觉障碍，让人产生幻觉。

　　不过，在大多数时候，它还是值得信赖的。古时人们经常用它制作香水，当女子带着淡淡的豆蔻香走过时，人们便再也无法忘记这位美人了。

不会让味蕾感到单调的丑丑巧克力

去吉隆坡旅游，一定要给我带几盒丑丑巧克力！那些准备去吉隆坡旅游的人，或许会听到亲友如此叮嘱自己。

丑丑巧克力是吉隆坡著名手信之一。马来西亚的巧克力很多，而且丑丑巧克力也如它名字一样——长得一点也不可爱，那为什么它会从众多美食中脱颖而出，成为游客的心头好呢？

当然是因为它的味道。丑丑巧克力就像一个精灵古怪的美人，永远都不会让人感到无趣。将丑丑巧克力刚刚放进嘴里的时候，立刻就能感受到可可粉带来的苦味。等这阵苦味消失后，巧克力的爽滑便主导了人的味蕾。

当巧克力完全融化后，最里层的杏仁便露了出来。苦中带甜的滋味完全消失了，只余坚果的清香。

物美价廉的手工制品
——锡具

来 到吉隆坡，又怎么能不带锡制品回去？

马来西亚是世界主要锡产国。这里有全世界最大的锡制品工厂，锡制品都是手工制作，造型精美且价格便宜。

马来西亚人很喜欢锡具。要是你去当地人家里做客，就会发现主人家里从水杯到碗筷都是锡制品。男方给女方的聘礼中，总会有一整套锡制品。而当这个新组成的家庭迎来新生命时，亲友也会买来锡制品送给小婴儿。

大概没有人会讨厌马来西亚的锡制品。这里的锡制品种类繁多，人们总能找到自己喜欢的那一款。传统的酒杯、茶具一向都是热销品。的确，即使是怒气冲冲的客人，在看到这种散发着璀璨光辉的手工制品后，也会忍不住想："看来主人并没有怠慢我。"

戒指手环是女性的最爱，虽然这些首饰不如银器、金器那样绚烂夺目，但是其低调沉稳的气息，让它像一杯茶一样，入口寡淡却让人回味无穷。

很多人对锡制品的安全性存疑，他们认为锡制品含有毒素，虽然锡制品不会像"鹤顶红"那样立刻让人毒发身亡，却会在不知不觉中毁掉人的健康。真的是这样吗？其实，不需要分析复杂的原理，只需要想一想与锡有关的日常用品，我们就能知道这个说法是错误的。

要知道，很多巧克力就是用锡纸包装的，而很多食物在进烤箱前选择的"外衣"就是锡纸。这些入口的东西都不害怕锡，锡制品又怎么会对人体造成伤害？

缘起郑和的药油
——千里追风油

中国人似乎对千里追风油有别样情结。去吉隆坡旅游，不带几瓶千里追风油回去似乎说不过去。其实，中国人与马来西亚千里追风油的缘分从几百年前就开始了。

明朝时，郑和率领船队下西洋，曾六次抵达马六甲。在第一次到达马来西亚的时候，同行的医生在当地的热带雨林中发现了很多罕见的中草药，就研究制造了一种治疗风湿病的药油，并起名为"追风油"。

这算是给当地人的礼物，不过与郑和船队带去的瓷器、丝绸等相比较，这个药油并不显眼。

然而，马来西亚民众使用过这种药油后，发现它简直是风湿病的克星。又因为追风油制作起来很简单，所以追风油便成了马来西亚有口皆碑的良药。

后来，路过马来西亚的中国商人无意中使用了这种药油，发现它确有奇效，回国后便托前来做生意的朋友购买。因人们千里迢迢来马来西亚，只为购买这种药油，所以人们将其称为"千里追风油"。

寄托在月亮风筝上的心愿

走在吉隆坡街头，时时刻刻都可以看到月亮风筝的身影。

餐厅的墙壁上、各种饰品上、街头的巨大横幅中……在表示自己对月亮风筝的热爱时，吉隆坡人从未犹豫过。

在吉隆坡人看来，月亮风筝可以为他们带来幸福和吉祥。那月亮风筝飞上天时发出的嗡嗡声，就是风筝为上天唱的赞歌。月亮风筝会将人们的心愿传达给上天，而上天则会保佑当地人风调雨顺、五谷丰登。

吉隆坡人之所以如此喜爱月亮风筝，大概与一个传说有关。

古时，有个庄稼汉遇到一个小女孩，小女孩称自己失去了家人，一直在外流浪。庄稼汉看小女孩面黄肌瘦，觉得要是不管她，她可能会饿死，便收留了小女孩。

说来也怪，自从小女孩来到这座村庄，这里的收成一年比一年好，庄稼汉也不用省吃俭用来抚养小女孩。渐渐地，小女孩长大成人，出落得美丽大方。然而，庄稼汉的妻子本就看不惯她，现在更是嫉妒她的美貌，就趁庄稼汉不在家时，将她赶了出去。

没想到，女孩离开后，村庄的收成越来越差，村民便找人占卜询问原因。占卜师说女孩其实就是稻神，而庄稼汉妻子的行为触怒了她。

占卜师建议村民制作一种能发出声音的东西，让其飞上天，借此表达村民的歉意。于是，月亮风筝诞生了。每到收割稻子的季节，村民就将这种风筝放上天，希望稻神能够听到自己的忏悔并且继续护佑自己。

如今，每年4月，吉隆坡近郊满是月亮风筝。不知道，天上的稻神能不能听到人们的心愿？

143

第八章

南洋风情，不一样的滋味

寻味吉隆坡，是一件颇为有趣的事情。

在装修精致的咖啡店中，清淡柔和的白咖啡散发着迷人的香气；熙熙攘攘的夜市中，粿条、沙爹正朝人们挥手；具有南洋风情的饭馆中，黑果焖鸡邀请你进行一场"勇敢者的游戏"。

即使你什么也不做，只是在街头自由地散步，也能邂逅带着浓浓咖喱香气的扁担饭。

马来西亚的国民美食——肉骨茶

说到马来西亚的美食，大概没有人不会提到肉骨茶。无论是高档的酒楼，还是路边的大排档，人们总能看到这种美食的身影。

肉骨茶，虽然名字中带一个"茶"字，实际上却是猪骨药材汤。其原材料中也没有茶叶的影子，对肉骨茶来说，富含营养的中药，如党参、当归、玉竹西洋参等，以及各式各样的香料才是最重要的。

虽然这种美食已经成了马来西亚人餐桌上的常客，且俘获了不少旅游者的心，但是在最开始，不少马来西亚人认为肉骨茶是上不得台面的，是"庶民饮食"。

这大概是因为在最开始的时候，这种美食总是和苦力画上等号。那时，马来西亚还是英国殖民地。殖民者在当地搜刮了很多资源，为了将这些资源运送回英国，他们建立了很多深水码头。有了码头，自然就需要以劳力换取薪酬的苦力。当地的贫苦百姓，和初来马来西亚的华人便成了最佳的人选。

马来西亚潮湿闷热，且在码头做苦力需要耗费大量的体力，人们需要进补，但他们舍不得购买昂贵的补药。这时，一位曾经学习过中医的华人想到了一个办法，他将闽南一带的饮茶加以改良，再加上当地的特产——当归、肉桂、甘草等，制成了肉骨茶包。

每天出门前，人们将排骨和肉骨茶包放在一起蒸煮。一碗肉骨茶，再配上一碗白米饭，就可以维持自己的体力。有什么比在繁忙的生活中吃到这样一碗美食更叫人兴奋？肉骨茶在劳动人民中大受欢迎。

后来，马来西亚的街头巷尾都开起了肉骨茶小食摊。老板基本上不用招徕生意，因为肉骨茶的香味就能引得食客前来。刚刚下班的白领、放学的学生，在路过肉骨茶小食摊时，总会停下脚步，点上一碗肉骨茶，坐在路边的椅子上细细品味。

如今，肉骨茶已不再是"庶民饮食"，而成了"国民饮食"。走在吉隆坡的大街小巷中，人们都能感受到这种饮食的国民性。开在路边的肉骨茶排档一般很简陋，几张石桌、几把石凳，就是这个肉骨茶排档的全部。

　　但是这样的排档却很受欢迎，桌子凳子早已被食客磨得光亮，若是在吃饭"高峰期"来到这里，一般还很难找到位置，只能和当地人一样，站在旁边乖乖地等位。

　　虽然等待有点磨人，特别是在站在一旁看别人吃的情况下，但是等待是值得的。这里的摆设简陋，用餐形式却特别讲究。在客人刚刚坐下来的时候，帮忙的小妹就会端上一壶茶。茶虽不名贵，却馥郁芬芳，让人回味无穷。店主之所以这么做，大概是为了弥补肉骨茶中没有茶的遗憾吧。

之后，小妹会端上各式各样的调料，如辣椒油、蒜泥、酱油等。其实，吃肉骨茶本不需要调料，因为肉骨茶的汤就足够香浓。但若配上调料吃，倒也别有一番滋味。调料制成的酱汁可以冲淡猪骨的腥味，还能为略显寡淡的猪骨肉增添别样风情。

　　终于，冒着热气的猪骨茶上场了。丝丝药香让浮躁的心瞬间平静下来，猪肉软绵绵的，极为清淡，好像与世无争的隐士。但人们立刻就会发现它霸道的一面，香料的味道在不知不觉中潜入了人的五脏六腑。这口汤虽已下肚，但药材的香味却弥漫在口腔中，久久不能散去。

马来西亚人的一天，从椰浆饭开始

有多少马来西亚人的一天，是从椰浆饭开始的？

清晨，汽车或地铁首班车发车时，椰浆饭的香味就已经在街头蔓延开了。街头的早餐点忙碌得很，背着书包准备上学的孩子、趿拉着鞋准备去跳广场舞的大爷、神色匆匆害怕迟到的上班族，都挤在狭窄的早餐店中，等着老板为自己端上今天的第一份美味。

在早餐店中，椰浆饭最受欢迎。虽然它制作起来很简单——只需先把饭浸泡在浓椰浆里，再把饭与椰浆的混合物拿去蒸即可，但其浓郁的香味、清淡的口感以及丰富的配菜，还是成功地征服了人们的味蕾。

　　对胃口小的人来说,椰浆饭不适合当做早餐,因为它分量太足。一般来说,除了蒸煮好的饭,椰浆饭中还有烤花生、印度式腌菜、小凤尾鱼、一个蛋和蕹菜。当然,要是想吃得更加丰盛,也可以要求老板在里面加上鸡肉、章鱼或"巴鲁"(牛肺)。

　　也有人嫌椰浆饭的蒸煮时间太长,聪明的马来西亚人便想出了一个主意。小贩们将椰浆饭先蒸煮好,放在一个保温的大箱子中。当鸟儿开始鸣叫的时候,小贩们便提着这个大箱子出门了。

　　箱子所在地,就是早餐店所在地。等椰浆饭的香味引来了食客,小贩们便用香蕉叶或麻浆纸将椰浆饭包住。这时,椰浆饭就变成了鸡蛋饼,那些步履匆匆的人们也可以尽情地享用这种美味了。

清淡柔和的马来西亚白咖啡

在吉隆坡街头自在地散步时，人们常常会闻到咖啡香味。循着香味望去，一个装修精致的咖啡店便出现在眼前。

透过透明玻璃，人们可以清楚地看到咖啡店里面的样子。几株具有热带风情的绿植安静地立于墙角，天花板上斗笠状的灯照着棕色木桌，木桌周围是复古的藤制椅子。

店里人很多，那些疲惫的游客围在圆桌前，用手撑着下巴有一搭没一搭地聊天。每个人面前的食物都不一样，有的人点了一小块芝士蛋糕，有的人面前是一小碟烤南瓜。

然而，在游客面前，有一样食物是一致的，那就是散发着香气的白咖啡。这可不是游客为了给咖啡店面子，而是马来西亚的白咖啡太动人。

白咖啡口感细腻、纯正，没有酸涩味。较之黑咖啡，它更加清淡柔和，像一位温柔文静的江南美人。连那些带着"蹭空调"的目的来到咖啡店的游客，都会被它吸引住呢。

153

坐在吉隆坡小食摊中吃沙爹

华 灯初上之时，坐在吉隆坡的小食摊中吃沙爹，倒是别有一番滋味。

等太阳悄悄落下山头时，卖沙爹的小食摊便热闹起来了。人们像是见了面包屑的金鱼，一窝蜂地朝小食摊涌来。

无须担心找不到沙爹摊贩，因为在吉隆坡的大街小巷都藏着这样的小食摊。不过也有一个简单的方法，那就是循着香味走，那个有浓浓烤肉味的地方，就是沙爹摊贩所在处。

是的，沙爹是马来西亚极具风味的炭烤肉串。当地人并不在意沙爹的原料，鸡肉、猪肉、牛肉都可以，但是他们格外在意烧烤的火候。因为沙爹最吸引人的，就是那股焦香味。

　　火候小了，肉串虽嫩，却太寡淡；火候太大，自然也不能吃——因为烤焦了。如何让沙爹半焦半嫩？这是一件十分考验沙爹摊贩水平的事情。

　　也有人并不在意沙爹火候，他们更在意沙爹的配料。若是不能趁热为沙爹沾上花生酱，那这串沙爹算是浪费了。因为在某些食客看来，只有在它嗞嗞作响的时候，让它与花生酱亲密接触，才能让它们发生化学反应。等沙爹开始与花生酱散发恋爱气息时，就可以开始享受这种食物的甜蜜滋味了。

　　此外，沙爹搭配的食物也是有讲究的。有的人喜欢配上一听啤酒，这是吃烤肉的标配，没什么惊喜。有的人则喜欢点上一碗以椰浆处理过的糯米饭粽，将沙爹的味道与糯米饭粽的甜香结合起来，细细品味口腔中的独特滋味。

不改变自己"野性"的西刀鱼丸

西刀鱼丸本是一种配菜，人们常常在叻沙、炒粿条等菜肴中看到它的身影。但是因为它太好吃，所以有些贩卖面食的小食摊便用西刀鱼丸来招徕顾客。以至于人们来到这些店铺中时，都不会说"我要一碗鱼丸面"，而是会说"我要一碗鱼丸"。

说起马来西亚的西刀鱼丸，大概最出名的就是"亚坤西刀鱼丸"。对于这家店铺的鱼丸，食客的评价往往是"像活的一样"。

这种评价很形象，也很客观。待在面碗中的时候，西刀鱼丸显得很老实。可一进食客嘴中，这些鱼丸就显露出自己的"野性"。它带着汤汁不断地弹跳，似是将这里当成了舞台。而等它跳完舞，西刀鱼丸的鲜甜滋味也永远留在了食客心中。

亚坤西刀鱼丸店

地址：Ground Floor No. 172, Jalan Changkat Tambi Dollah, Off Jalan Pudu, 55100 Kuala Lumpur。

如何抵达：乘坐 U31 和 U47 路公交车到 Plaza Imbi 站，再往南步行约 5 分钟即可。

用最朴素食材制成的美味
——叻沙

虽然叻沙的主要食材是粗米线，但是它最吸引人的地方其实是配料。

叻沙的配料多种多样，最先出场的是洋葱、南姜、黄姜、香茅、红辣椒。厨师将这些料理炒出香味，虽然汤汁还没有完成，但食客似乎已经闻到了这道菜肴的辛辣味。

之后，厨师将煮熟去骨的鱼肉和椰浆一起熬制。这时，汤汁又有了一份鲜香味。丝丝椰香飘散在空气中，似是要为叻沙的汤汁披上一件甜美的外衣。不知道，有多少人被她甜美的外表欺骗？

随后，厨师会加入主要的原料——粗米粉，以及鱼片和虾。有时候，厨师还会投入几颗西刀鱼丸。人们常常会被叻沙的照片勾出馋虫，大概就是因为这道菜肴的配色。汤汁是粉红色的，虾是鲜红色的，厨师还会别具匠心地在上面放上半个熟鸡蛋。鸡蛋黄嵌入这一片红色中，这道叻沙也变成了一幅画。

当然，这样的叻沙还不能端出去给食客品尝。厨师还会撒上麻风柑叶、姜花和酸柑汁，让其更具东南亚风味。

细细想来，这道菜肴的原材料都很朴素，只不过是最后放的虾个头大一些，但将这样朴素的原材料搭配在一起后，竟变成了极具风味的美食。

叻沙看上去中规中矩，像极了生长在深宅大院的闺秀。不过当人们吃一口粗面、喝一口汤汁，甚至只是嚼一根麻风柑叶后，就会改变自己的看法。椰浆的香味、鲜虾的甜味，以及不容忽视的洋葱味，都会迅速地在人的嘴里蔓延开来，像是热情的异域美人，大胆地向人展现自己的魅力。而人们只需吃一口，就会对它难以忘怀。

风味独特的马来西亚烤面包

烤面包，这大约是吉隆坡最简单常见的早餐。

清晨，人们早早地就起来了。贩卖烤面包的商铺一般藏在小巷子中，几张木桌子、几把竹椅子就是这个早餐店的全部。人们优哉游哉地来到早餐店前，和老板打过招呼后，就坐下来和街坊聊天。

老板的速度很快，他熟练地用油桶改造的大铁桶烤面包。不一会，面包的香气就传了出来。老板将烤面包端上来，焦香的面包看上去格外诱人。人们在那烤得香脆的面包上抹上香浓的咖椰酱，这种简单的食物立刻带上了一种南洋风情。

半熟的鸡蛋也是受欢迎的酱料。将鸡蛋投入滚水中煮3到4分钟，取出来，小心地将蛋壳剥开，用在火上烤过的刀将其切成两半，蛋黄立刻流了出来。倒上酱油和胡椒粉，用烤面包沾生熟蛋吃，风味独特。

孩子心中的至臻美味
——芋头糕

对孩子们来说，芋头糕是可遇不可得的。

虽然在吉隆坡，芋头糕很常见，在卖糕点的小食铺中、装修精致的大饭店中、巷头巷尾叫卖的小贩的竹篮中，人们都可以见到这种美食的身影，但是孩子们却没有什么机会品尝到。

这倒不是因为芋头糕的价格昂贵，而是芋头糕太甜，又十分粘牙，孩子们在刷牙时难免会放走一些"余孽"。所以，家长都会严格控制芋头糕在孩子们面前出现的频率。

只有在重大的节日，如春节、开斋节等，家长才会端上一小碟芋头糕，对孩子说："来，这是给你们的礼物。"

家长的这种说法未免有些无赖，因为这碟芋头糕并不是专门为孩子制作的。每到重大的节日，吉隆坡家家户户都会制作芋头糕，以供奉祖先和神灵。

　　不过孩子们并不在意，即使他们已经从邻居手中讨来了几块芋头糕，他们冒着头，故作乖巧地对家长说："谢谢妈妈／爸爸！"然后像只需要囤积食物的仓鼠一样，将芋头糕塞进自己的嘴中，也不管自己的小嘴是否能装得下。

　　稍微长大些，他们会自己试着制作芋头糕。他们并不会说是因为自己想吃，而是以"我学会后就可以做给你们吃""老师要我们开展家庭实践活动"为掩护。家长虽然知道他们的小心思，但也会认真地教导他们。

　　等厨房像被龙卷风光临过一般后，他们的芋头糕终于做好了。他们的手艺不算好，芋头糕的模样也不太齐整，但他们却吃得一脸满足。或许，等他们下次路过飘着芋头糕香味的糕点店时，还会得意洋洋地想："这里的芋头糕还没有我做的好吃。"

记忆中思念的味道
——虾面

虾面做起来很简单，将面和米线放在一起煮，最后放上虾仁、鱼饼、肉、墨鱼、蔬菜等浇头即可。然而对某些马来西亚人来说，这种看上去平凡的菜肴，却是他们难以忘怀的滋味。

这种菜肴一向是孩子的最爱。对母亲来说，这种菜肴实在没什么难度。看见孩子馋得流口水的模样，她往往会故作严肃地说："这种菜肴做起来很复杂，每次都要花掉我大半天的时间，所以你要珍惜食物，可不能吃几口就不吃了。"

孩子便迅速地回答："好！"实际上，母亲的嘱托有些多余。对孩子来说，这种鲜香四溢的食物是难得的美味，又怎么会舍得浪费？

或许是因为母亲曾经这样吓唬过他，所以在孩子心中，会做虾面的母亲是无所不能的。因为清晨，他才刚刚从床上爬起来，便闻到厨房飘来的虾面香味。"母亲是什么时候起床的？难道是半夜三点？"孩子们不禁想。

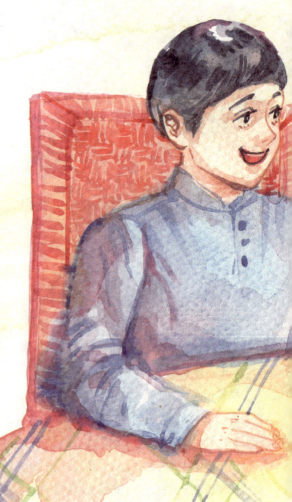

　　当母亲笑眯眯地将虾面放到孩子面前时，他的心情是复杂的。不知道是先对母亲表示自己的感谢好，还是先吃掉眼前这碗浓香四溢的虾面好。想了想，他将这碗虾面吃得干干净净，一滴汤也不剩。之后，他竖起大拇指对母亲说："太好吃了！"

　　母亲自然不知道孩子心中所想，不过她还是很开心，"看这食量，怕是要长高了吧"，母亲想。

　　大约是为母亲留下了一个"超级爱吃虾面"的印象，所以在孩子所有重要的时刻，母亲都会为他做虾面。生日的时候，虾面自然是少不了的；升学的时候，虾面也会隆重登场；考试不顺利的时候，虾面便成了孩子的安慰剂；成人那天，母亲也会为他端上一碗虾面。

　　当然，长大后，孩子也学会了自己制作虾面，也早已知道母亲当年说"费半天工夫"都是骗他的。不过即便如此，孩子还是无法忘掉这种美味。

　　后来，孩子离开了家乡，离开了母亲身边。工作繁忙的时候，他也会自己制作虾面。味道虽然不错，但是怎么做都没有母亲做的味道。于是，孩子打电话回去向母亲请教，母亲很热心，将配方一一告诉他。可当孩子按照母亲的方法制作之后，却发现味道还不如自己呢。

　　趁着节假日，孩子回到了家中，而母亲早已为他准备好了虾面。孩子吃了一口，发现味道真的不如自己做的。母亲在旁边问他工作情况，他都一一回答。末了，母亲似乎像刚刚想起似的，用肯定的语气问他："怎么样？我的手艺不错吧，是不是宝刀未老。"孩子隔着热气看着母亲模糊的脸，没有说话，只是将面碗端了起来，将汤汁喝了个干干净净。

需要耐心才能吃到的炒粿条

炒粿条并不算马来西亚人的原创，这原是潮州人的小吃。直到19世纪后期，不少潮州人选择下南洋讨生活，才将这种美食带到了南洋各国。在最开始的时候，炒粿条是华人一解乡愁的"良药"。人们聚在一起，吃着香气四溢又不油腻的炒粿条，怀念在故乡的日子。

后来，马来西亚人也注意到了这种菜肴。由于它香滑可口，又有一种独特的鲜香味，因而立刻征服了当地人。

于是，马来西亚的大街小巷都开起炒粿条的小食摊来。

快下班的时候，马来西亚人便聚集在一起，互相交换自己的"情报"。"我听说街头那家的炒粿条做得不错，排队的人很多。""那家我吃过，的确不错，但是我家附近新开的那家更好吃，而且食客不多，不用排队。"

　　久而久之，那些手艺过硬的炒粿条店便有了忠实支持者。临到饭点，一家简陋的炒粿条店门口就来了不少食客。不过，有些店铺太过火爆，也有可能排了很久的队，但炒粿条已经卖光了。食客只能带着受伤的心和空荡荡的胃打道回府。

　　也许有人会问，既然有这么多食客，为什么不加快出菜的速度？因为老板对炒粿条都有种说不清的执著。为了保证炒粿条的味道，有些店铺的老板一次只炒两到三盘。若是食客在旁边催，老板或许会不耐烦地道："你是要速度快，还是要味道好？"

　　也许老板的语气让人生气，但食客也只能将这口气咽下去，默默地退到一旁，谁叫老板的锅铲下有美味呢？

散发着淡淡班兰香的马来千层糕

在吉隆坡旅游的时候，路过小吃摊，那种看上去有九层高且散发着一种淡淡的班兰香味的糕点，就是马来千层糕。

马来千层糕并不算罕见的食物，几乎每个小吃摊中都有。在开斋节这样重要的节日，人们也能看到它的身影。

然而，就是这样一种看上去平淡无奇的食物，制作起来却十分费力。千层糕，顾名思义，是一层一层叠起来的。因此，在制作的时候，糕点师只能从最底层开始，一层一层慢慢往上垒。溶液开始凝固的时候，糕点师就要马上淋上另外一层，十分考验火候。

它像一位难伺候的小姐，糕点师几乎不能将自己的注意力从它身上移开。不过，当它飘着淡淡香气，巧笑嫣兮地出现在人们面前时，人们便将自己刚刚所有的抱怨都抛到脑后了。

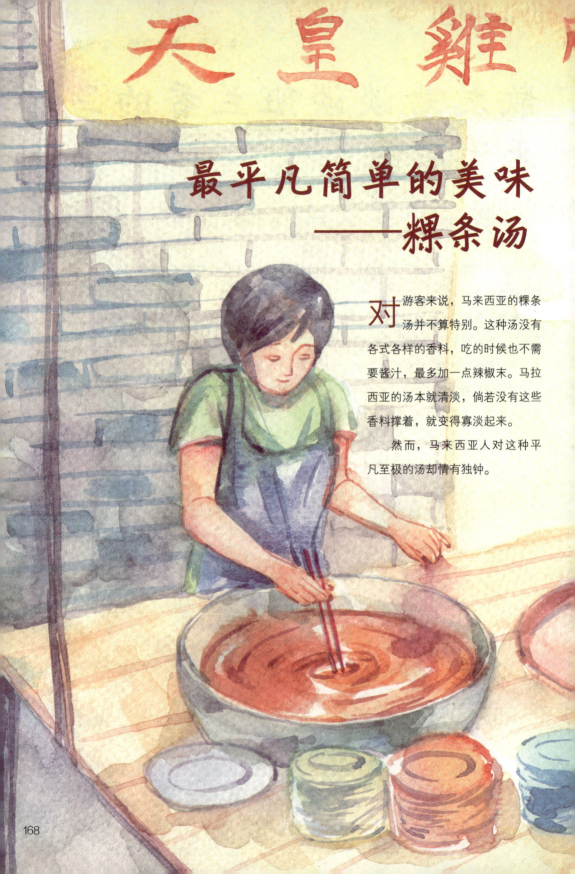

最平凡简单的美味
——粿条汤

对游客来说，马来西亚的粿条
汤并不算特别。这种汤没有
各式各样的香料，吃的时候也不需
要酱汁，最多加一点辣椒末。马拉
西亚的汤本就清淡，倘若没有这些
香料撑着，就变得寡淡起来。

　　然而，马来西亚人对这种平
凡至极的汤却情有独钟。

　　清晨，那些贩卖粿条汤的小贩早就起床了。小贩以鸭肉熬汤，同时还要配上上好的肉骨。将火调小，让鸭肉和肉骨在热水中滚半个小时。半个小时后，清水已经变成浓汤，空气中尽是肉香味。此时，小贩会另烧一锅水，这是用来烫粿条的。

　　小贩最忌用浓汤来烫粿条，因为在他们看来，这样做会让汤汁抢掉粿条的所有风头。在烫好的粿条上薄薄地盖上一层汤汁最好，粿条和汤汁便可以发挥自己最佳的水平。最后，投入几颗西刀鱼丸，撒上些葱粒、蒜头油和切细的生菜，粿条汤便做好了。

　　等小贩做好这一切的时候，鸟儿才刚刚从美梦中醒来。路人闻到粿条汤的香味后，循着味来到小贩摊前。

　　粿条汤的滋味虽清淡，却最适合做早餐，因为空了一晚上的胃很娇弱，不能承受太强的刺激。一碗粿条汤下肚，人们的心也变得暖洋洋的。

辛辣中带有一丝甜香的扁担饭

当你走在吉隆坡街头，闻到一股浓浓的咖喱香味时，不要想当然地认为不远处的那些店铺正在贩卖咖喱饭。走进这家店铺，你会发现店员正忙着将五颜六色的咖喱汁倒进米饭中，空气中还散发着淡淡的椰香味。他们卖的不是咖喱饭，而是扁担饭。

扁担饭起源于20世纪30年代，那时，小贩们将米饭和咖喱吊在扁担的两头，在街边贩卖。人们立刻喜欢上了这道辛辣中带有一丝甜香的菜肴，当小贩开起餐馆时，那些在巷头巷尾照顾过他生意的人们立刻变成了餐馆忠实的食客。

如今，吉隆坡随处可见贩卖扁担饭的店铺。那些老字号，每逢周末便挤满了人。有些游客并不理解当地人为何对它如此喜爱。也许是习惯吧，一有空人们就喜欢往扁担饭餐馆中钻。

排队也要吃的冰品美食
——煎蕊

马来西亚似乎有很多"名不副实"的美食，肉骨茶如是，煎蕊亦如是。

听上去，煎蕊像是煎饺一类的食物。实际上，这种食物既不需要"煎"，也没有"蕊"，它是一种沙冰。

马来西亚天气炎热，冷饮自然大受欢迎。走在吉隆坡街头，冷饮店随处可见。其中，最受欢迎的就是煎蕊。

一大份冰霜放在碗中，再加上红豆、绿豆——这些豆类一般会熬煮几个小时，口感上佳，不会太软也不会太硬。之后，煎蕊迎来了黑糖和绿色的米粉。此时，煎蕊的色彩便变得绚丽起来。最后，淋上一勺白色的椰浆，煎蕊制成了。

　　然而，这还不是煎蕊最后的模样。冰霜渐渐融化，红豆、绿豆、米粉在椰浆上自由地游泳。黑糖也融化了，星星点点分布在椰浆中。

　　若是将椰浆比作海水的话，那黑糖就是大地，红豆、绿豆是海中的鱼儿，米粉是水草。它们的色彩虽然不一样，但却意外的和谐。尤其是那自由摇曳的"水草"——米粉，虽未入口，却提前让人感受到了阵阵凉意。

　　虽然在最初，人们为了避暑才品尝煎蕊。然而如今，人们却愿意为了煎蕊而被太阳炙烤。在擅长做煎蕊的店铺门前，都是排队等候的食客，即使烈日当头的晌午也不例外。食客们手里拿着小风扇或扇子，但是汗水还是沿着脸颊滴下来。

　　然而食客们却没有一丝放弃的念头，因为他们知道，只要吃一口煎蕊，暑气和焦虑就会自动消失。

勇敢者的游戏
——黑果焖鸡

在有些人看来，吃黑果焖鸡是勇敢者的游戏。

黑果焖鸡并不是什么猎奇的菜式，相反，它是娘惹菜中的经典。之所以将它称为"勇敢者的游戏"，是因为它的配料——黑果。

黑果是一种产自印度尼西亚的香料，圆圆的，散发着香气，看上去很老实。实际上，这种平凡无奇的果子含有毒性，并且毒性极大。

在马来西亚市场中，你或许会发现这样不负责的菜谱书，在讲到黑果焖鸡的时候，书上说：将新鲜的黑果制成黑果酱，均匀地涂抹在鸡块中。若你真的按照这个方法烹饪黑果焖鸡的话，那这道菜可能就是你吃的最后一道菜。

当然，处理过后的黑果是无毒的。不过处理的方法很复杂，新手很难将毒性完全去除。这样说来，黑果焖鸡倒有点像河豚。不过相比于河豚，黑果焖鸡可便宜多了，其价格与普通的菜肴没有什么区别。

然而，要想在吉隆坡市内找到制作黑果焖鸡的餐厅可并不容易。即便是有这样手艺的厨师，也不会将其当做自己的拿手菜，毕竟并不是人人都是勇敢者。

至于那些好不容易找到这道菜的勇敢者们，自然会将自己所有的注意力都放在黑果上，即使在整盘菜肴中，他们只能发现几颗黑果。

有几颗也是好的，聊胜于无。他们将菜肴中的黑果挑出来，一粒一粒，慢慢咀嚼。黑果味酸、辣，与其他东南亚的香料并没有什么区别。不过食客们很兴奋，他们将这些黑果捣成酱，拌上白米饭。不一会，一碗饭就被消灭了。

"冲鼻"的美味
——黑胡椒螃蟹

马来西亚临海，来此地旅游，怎么能不品尝海鲜？于是，很多人在游览过吉隆坡后，都会去离吉隆坡市中心不远的吉胆岛，品尝地道的海味。小岛上各种各样的海鱼让游客眼花缭乱，以至于他们都忘记品尝挥舞着双手、似是在对人说"我很好吃"的螃蟹。

然而，即使他们真的品尝过吉胆岛的螃蟹，大概也不会留下深刻的印象。因为虽然这里的螃蟹个大肉肥，但渔民的烹调方式都很朴素——上锅蒸煮，所以游客虽然会一连吃好几只，但也表示自己没吃出新意。就像宫廷剧中皇帝看似愁云满布地对太监说："宫中的女子虽然都很美，但千篇一律，没有特色。"

于是，当这些游客在茨厂街的夜市中看到螃蟹身影时，也只是发出了一句"看上去很新鲜"的感慨，没有品尝的欲望。

直到他们看到当地人对着一盘螃蟹大快朵颐，脸上尽是满足和惬意，好像自己从未吃过海鲜一样时，他们才对着老板摇摇手，说："给我来一份一模一样的。"

没过多久，黑胡椒螃蟹便被端上了他们的餐桌。吃过第一口后，他们才知道自己差点错过了多么美味的菜肴。

黑胡椒和螃蟹本就不是一个世界的。黑胡椒在陆上称王称霸，其浓烈的口感最适合与猪肉、牛肉搭配在一起。它会中和掉这些肉类的土腥味，为其带上极具异域风情的面纱。然而人们也不敢过多地使用它，因为它太过霸道，几粒黑胡椒就能抢走猪肉、牛肉所有风头。

　　螃蟹则是水之子。它自在地在各种水域中游荡，每个贝壳都听过它的歌声。即使它受人邀请来到陆地，也无法改变自己的天性。如进入人类社会的人猿泰山，无论如何努力地适合社会，也无法改变它骨子里的野性。于是，在烹调螃蟹时，人们都会选择清蒸，意在用最简单的方法引出螃蟹的天性。

　　而马来西亚人将这两种看似八竿子打不着的食材放在了一起，这的确有挑事之嫌。因为在普通人看来，这两种食材一旦相遇，就会引发一场战役。

　　然而，让人意想不到的是，这两种食材相处得很融洽。它们都很欣赏对方，即使永远都无法理解对方身上的某些特性。它们也激发了对方身上新的特质。螃蟹变得辛辣，而黑胡椒变得鲜甜。

　　食客才不在乎谁获得了胜利，他们只负责品尝美味。吃一口黑胡椒螃蟹，让鲜甜辣味在口腔中弥漫开来。